홀로 추는 춤

홀로 추는 춤

무용 감상과 무용가의 현실에 관하여 말하다

손인영 지음

안나푸르나

서문

　내 인생에 먹구름이 스쳐지나갔다. 고개를 들고 하늘을 보았다. 먹먹했다. 그렇게 3년이 흘렀다. 삶에도 빛과 그림자가 있고, 먹구름은 누구에게나 한 번씩 지나가나보다. 무척 어두웠다. 너무 어두워서 갈피를 잡을 수가 없었다. 산의 정상에 도달했다고 느낀 순간 벌어진 일이었기에 더 혼란스러웠다. 내가 이끌던 나우무용단이 집중육성단체에서 예비사회적기업으로, 연이어 용극장과 M극장의 상주단체로 승인받았다. 개인 무용단으로 탄탄하게 바닥을 다졌지만 부족함이 많은 나에게는 여전히 벅찬 나날이었다. 자연스럽게 인천시립무용단의 예술감독 공채에 눈길이 갔다. 도전을 했고 채용됐다. 세상이 나를 위해 양팔을 벌리고 있다고 여겼다. 잘하려고 애를 썼다. 예술감독이 성과를 지나치게 내려고 애를 쓰면 누군가는 피해를 봐야했다. 단원들이었다. 고통을 호소하던 단원들과 소통을 하려 하지 않았던 나는 단원들과 결국 부딪혔다. 돌이킬 수 없을 정도로 골은 깊었고 신문에서는 이 일을 두고 연일 떠들었다. 더 이상 예술감독으로서의 역할을 해내지 못하는 상황이었다. 임기를 끝내고 나는 집으로 돌아왔다. 후회와 회한의 세월을 보냈다. 마음 둘 곳이 없어 글을 쓰기 시작했다. 이 책은 그렇게 완성되었다.

집에서 보낸 3년은 소중한 시간이었다. 나 자신이 무엇을 하는지 돌아볼 점검의 시간을 갖는 것은 의미 있는 일이다. 세상의 일이란 것이 빨리 간다고 경사만 있는 게 아니고 돌아간다고 잘못 가는 것도 아니다. 허둥거리고 좌충우돌하던 몇 년 전에는 삶의 여유를 몰랐다. 지금은 여유롭다. 초조해야하는 상황인데도 여유롭다는 것은 인생의 고비를 넘긴 다음에 오는 일종의 고요가 아닌가 한다.

매년 연초에 큰 포부로 온몸에 힘을 주곤 했다. 요즘엔 몸에 힘을 많이 주지 않는다. 힘주지 않고 그냥 사는 것이 좋다. 나이를 먹으면서 삶의 태도는 점점 현실화되었다. 세상의 중심에 나를 두고 계획을 세우던 때도 있었다. 그러나 우리 삶이란 것은 그리 멋지거나 위대하지 않다. 길거리의 풀 한 포기요, 돌멩이 같은 게 우리네 인생이다. 스스로 대단하다고 여기고 코에 힘이 들어가면 무리를 하게 된다. 늘 그렇게 살았다. 무리하면서…….

무리하지 않고도 일이 될 때, 내공이 자리한다. 그렇다. 몇 년 내면을 성찰하면서 허둥거릴 때는 없었던 내공이 생겼다. 급할 이유도 없고 초조할 필요도 없다. 이제 정말 하고 싶은 일을 여유롭게 해나가야 할 나이다. 내가 아니면 안 된다는 생각도 접었고, 춤 외에는 이 세상에 중요한 것이 없다는 생각도 버렸다. 그저 나한테 주어진 일에 최선을 다하고 기회가 된다면 좋은 작품을 좀 더 만들고 싶다. 창작에 대한 목마름은 늘 있다.

매년 한두 편의 작품을 꾸준히 내면서 부글거리는 열정을 쏟았다. 춤추며 산 세월. 하나를 하기 위해 많은 것을 포기하면서 걸어온 세월이었다. 되돌아보면 대견하기도 하고 아쉽기도 하다. 외로운 춤 인생, 그래…… 춤 인생은 이제부터다. 조금씩 몸 풀기를 시작했다. 홀로 춤을 춘다. 홀로 춤을 추면서 더 진하고, 더 강하고, 더 자유로워졌다.

페이스북에 올린 춤에 대한 글을 안나푸르나의 김영훈 대표가 보더니 책을 내자고 했다. 춤을 만드는 것은 글을 쓰는 것과 비슷하다. 마음의 흐름이 몸으로 표출되어 춤이 되듯이, 몸에서 흐르는 것들을 글로 표현하자 책이 되었다. 이 책이 나올 수 있도록 응원과 질책의 말을 아끼지 않은 김영훈 대표에게 먼저 고마움을 표하고 싶다. 춤 인생의 동반자인 평론가 장광열, '홀로 추는 춤'의 외로움을 알고 서로 응원과 박수를 아낌없이 보내는 그와 나는 오로지 '춤'밖에 모른다.

이 땅에서 춤을 춘다는 것은 외로움과 아픔을 통과하지 않으면 안 되는 일이다. 사람들의 환호와 갈채 속에서 더불어 추는 춤이 되길 기대하는 마음으로 이 책을 썼다.

손인영

차례

서문...5

나의 삶

다시 살아도 춤을 선택할 것이다...13 \ 16살 그 아름다운 시절은 가혹했다...21 \ 그때는 그랬다...27 \ 나의 첫 현대무용 데뷔 공연...35 \ 무용수의 휴일...41 \ 뽕짝과 어머니...45 \ 삶을 즐겁게 하는 예술...51 \ 내 춤의 모토, 전통과 현대의 접목...57

나의 직업

안무를 향한 갈망...67 \ 작품 〈안팎〉이 나에게 남긴 것...73 \ 〈웃음〉은 웃으면서 만들었다...81 \ 아일랜드에서 보낸 6주...89 \ 춤추고 부대끼며...97 \ 작품 〈Being 신데렐라〉를 끝내고...105 \ 남미와 유럽 공연 투어...113 \ 한국의 장례 문화를 춤으로 풀다, 〈삼일 밤 삼일 낮〉...119

무용의 이해

발레 공연이 처음이라면...131 \ 현대무용 재미있게 감상하기...135 \ 무용수의 감각...143 \ 몸과 몸이 만나다...151 \ 마치 언어 같은 춤...157 \ 춤과 시간...165 \ 관객을 사로잡는 에너지...171 \ 부채춤이 가르쳐준 배려의 마음...179

\ 서예를 하는 것과 같은 춤...183 \ 솔로와 듀엣, 그리고 춤 창작의 묘미...191 \ 춤이 음악을 타다...199 \ 무대 미술과 음악...205 \ 사진 한 장이 주는 재미...213

춤의 저변에 대해서

몸은 거짓말을 하지 않는다...221 \ 현대무용은 어떻게 한국에 정착했나...227 \ 무용수가 되는 길...233 \ 무용수가 가장 아름다운 나이, 서른...237 \ 춤을 직업으로 삼기...243 \ 국립무용단에서의 나날...249 \ 들풀 같은 삶, 독립안무가...257 \ 한국의 지원 제도...265 \ 재능 있는 무용수가 왜 무용복을 벗었을까...271 \ 서울의 춤 공연장...277 \ 세계무용 시장의 변화 속에서...281 \ 뉴욕의 춤 공연장...289

관계와 감동

춤추며 사는 삶...297 \ 자애로운 스승, 정재만...301 \ 자판기 커피와 클레어...305 \ 인내가 작품을 만든다...311 \ 랄프 새뮤얼슨, 그는 문화를 이끄는 사람이었다...317 \ 시대의 거장, 송범...325 \ 춤 평론가, 베시 손버그...329 \ 머스 커닝엄의 실험 정신...337 \ 가무악의 마지막 명인, 김수악...341

추천사...349

나의 삶

무용의 이해

나의 직업

관계와 감동

춤의 저변에 대해서

다시 살아도
춤을 선택할 것이다

　한 아이가 거울 앞에 서 있다. 깡마르고 새까만 다섯 살짜리 여자아이는 보자기를 머리에 쓰고 있다. 거울 앞에서 아이는 얼굴을 찡그리거나 입을 삐죽거리며 다양한 표정을 짓는다. 아이는 혼자서 연극 놀이를 하거나 몸을 흔든다. 흥이 많은 아이다. 내 어린 시절의 모습이다. 어른이 되어 아이는 춤꾼이 되었다.

　어릴 때는 가끔 쥐불놀이를 했다. 언덕으로 올라가 훨훨 타는 불구덩이에 다 쓴 공책을 집어넣고 친구들과 함께 춤을 추었다. 두 편으로 나뉘어서 같은 편끼리 손을 잡고 마주 보고 선다. 한 쪽이 앞으로 걸어가면서 '어디서 왔니'라고 노래하면 반대쪽 줄에 선 아이들이 밀고 들어오며 답가를 불렀다. 마지막에는 모두 다 함께 노래를 합창했다. 악을 써가며 열심히 노래를 불렀는데, 노래는 이제 잘 기억나지 않지만 그 희열은 아직도 온몸으로 기억한다. 늦은 밤까지 놀이는 계속되었다. 40여 년 전의 일이다.

〈대면〉 (2007)

춤이 좋았다
춤추는 것이 미치게 좋았다
온몸이 뒤틀리는 희열이 있었다

춤은 초등학교에 입학하면서 우연히 접했다. 1969년, 시골 마을의 꼬마였던 나에게 발레 튜튜복은 꿈이자 환상의 대상이었다. 초등학교 때 발표회에 나가게 되었는데 재능이 있어서 뽑힌 것인지 아니면 한의사인 아버지 덕에 집에 튜튜복 살 돈이 있어서 뽑힌 것인지는 잘 모르겠다. 그때 하얀 튜튜복을 입고 학교 강당에서 난생처음 춤을 추었다. 나의 춤 인생은 튜튜복으로부터 시작된 셈이다. 튜튜복은 나의 보물 1호였다. 그해 깡촌 마을인 반성에서 도시인 경남 진주로 이사를 했다. 그 뒤로 한동안 춤을 출 일은 없었다.

진주는 예향의 도시라 곳곳에 문화적 향취가 스며 있었다. 초등학교 4학년 때 전교생이 영화를 상영하는 극장으로 한국무용 공연을 보러 갔다. 처음 본 한국무용 공연은 충격이었다. 춤의 움직임이 좋았다기보다 조명 속에서 화려한 의상을 입고 춤을 추는 무용수 언니들이 무척 아름다워서 넋을 잃고 구경했다. 그 충격적인 기억은 결국 나를 무용 연구소로 이끌었다.

〈Being 신데렐라〉 (2010)

당시 친구 중에 무용 연구소에 다니는 아이가 있었다. 그 친구를 따라 무용 연구소를 구경하러 갔다가 춤에 푹 빠졌다. 춤을 배우고 싶다고 부모님을 졸랐다. 엄한 아버지는 대답하지 않으셨다. 나는 포기하지 않고 엄마를 졸랐다. 결국, 나는 엄마가 숨겨둔 쌈짓돈으로 춤을 배우기 시작했다. 춤을 배우는 일이 재미있었고 즐거웠다. 춤이 몸에 착착 붙었고, 무용 선생님은 나에게 끼가 있다고 칭찬하셨다. 춤 배우러 다니는 재미가 쏠쏠했다. 그때 태어나 처음으로 작품을 받았다. 나는 아직도 그 작품을 기억한다. 물동이춤이었다. 나는 꽃분홍색 깔깔이 치마에 연두색 저고리를 입고, 짙은 밤색 물동이를 머리에 이고 무대에 등장했다. 물동이를 이고 돌기도 하고 물동이를 내려놓고 춤을 추기도 했다.

초등학교 5학년 때 나는 진주개천예술제 행사 중 하나인 무용 경연회에 그 물동이춤으로 참가했다. 예선은 초등학교 강당에서 치러졌다. 시작은 좋았으나 중간에 순서를 잊어버렸다. 나는 즉흥적으로 춤을 추었다. 순서를 잊어버렸는데도 가만히 서 있지 않고 즉흥적으로 춤을 추다니 어디에 그런 요령이 있었는지 모르겠다. 당시 느꼈던 당혹감은 아직도 생생하다. 순서를 잊어버릴까 전전긍긍하는 버릇은 이후 꽤 오랜 시간 동안 공포증처럼 남아 있었다.

연습실에서

손으로 얼굴을 가리면
마음이 산란하다는 증거다
작품이 잘 안 풀리거나
삶이 고달프다는 거지……

무용 선생님이 공연 때 화장을 해주었다. 화장을 하기 전에 먼저 콜드크림을 얼굴에 발랐다. 지금까지도 어린 시절에 추었던 춤을 떠올리면 콜드크림 향기가 가장 먼저 생각난다. 화장이 끝나면 미장원에 가서 머리를 했다. 올림머리를 하고 국화꽃으로 장식하면 물동이춤의 분장이 완성됐다. 초등학교 4학년 때에도 춤은 내 삶에서 중요한 자리를 차지하고 있었다. 춤꾼으로 살기로 한 결정을 한 번도 후회한 적이 없다면 거짓말이지만, 다시 인생을 살아도 아마 춤을 선택할 것이다.

16살 그 아름다운 시절은
가혹했다

    2007년에 작품 〈위무〉를 만들고 난 뒤 한동안 많이 슬펐다. 내 젊은 시절의 상실을 작품으로 푼 셈이다. 그 작품을 하고 나는 후련했다. 그 작품을 만들기 위해서 내 기억은 16살로 돌아갔다.

    16살, 그 시절은 가혹했다. 오십여 명의 소녀들은 하염없이 풋풋한 그 나이에 허리를 꼿꼿이 세우고 딱딱한 나무 의자에 앉아 매일 밤 열 시까지 교실에 갇혀 있어야 했다. 잠들지 못하도록 물벼락을 맞아가며 취조를 당하는 죄수와 진배없었다. 죄수를 감시하는 교도관처럼 선생님 한 분이 한 시간이나 삼십 분에 한 번씩 교실을 둘러보았다. 망을 보는 학생은 선생님의 슬리퍼 소리가 들리면 교실에 알렸다. 그러면 책상에 엎드려서 잠을 자거나 수다를 떨던 학생들이 허둥지둥 허리를 꼿꼿이 세우고 책을 읽는 척한다. 당시 자율 학습의 풍경이다.

교실을 비추는 백열등은 흐릿했고, 책상과 걸상은 다닥다닥 붙어 있었다. 교실에는 온갖 냄새가 진동했다. 이른 아침부터 밤늦게까지 걸상에 앉아 있어야 했던 가혹한 시절에도 물론 별빛같이 떠오르는 아름다운 장면은 있다. 고요한 밤, 산 중턱에 있던 학교에서 들리던 가야금 소리. 남자 선생님이 퉁기는 가야금 소리였다. 윗사람의 지시로 하는 수 없이 학생들의 교도관이 되어야 했을 선생님. 그 시간이 얼마나 지루했으면 가야금을 연습하는 시간으로 활용했을까?

졸음이 밀려와 꿈속으로 슬슬 기어들어가기 시작할 때 자장가처럼 들려오던 가야금 소리는 콩나물시루 같은 교실을 아름다운 천국으로 만들어주었다. 산속에 있는 중학교에서 들리는 그 가야금 소리는 그 시절의 얼마 안 되는 좋은 기억이다. 선생님도 학생도 그 누구도 원하지 않았던 자율 학습이 그 시절에는 일상이었다.

아주 끔찍한 기억도 있다. 자율 학습을 마치고 귀가하던 친구가 강간당하고 살해된 일이다. 내가 살던 지역에는 논밭이 많았는데, 걸어서 학교에 다니는 친구들이 있었다. 아직 어린 여학생이 매일 밤 깜깜한 밤길을 걸으면서 느꼈을 공포감이 어땠을지 짐작이 된다. 친구가 세상을 떠난 뒤 책상에 놓인 백합은 내 마음속에 선명하게 새겨져 있다.

16살 여자아이였던 나에게 생긴 일들은 나빴든 좋았든 내 삶의 역사로 남아 있다. 가끔 내 중·고등학교 시절을 생각하면 억울함이 치밀기도 한다. 이유도 모르는 채 밤이면 죄수 신세가 되어 어이없이 흘려보낸 시간을 돌려달라고 외치고 싶다. 그러나 그렇게 외칠 대상이 없었다. 그래서 나는 그 기억을 되살려 작품 〈위무〉로 남겼다.

〈위무〉 (2007)

누르는 무게만큼 숨이 막혔다
몸은 아래로 처졌고 가슴은 답답했다

〈위무〉 (2007)
위은 벨러도 소리는 나오지 않았다

〈위무〉 (2007)

굿을 했다
굿이라도 해야 했다
굿을 해서 마음을 달랬다

위무를 만들 당시 나의 프로그램 노트에는 이런 문장이 있다. "제도는 실제 삶 너머를 향해 달려가고 있다. 삶을 더 잘 이해하기 위하여 만들어진 제도는, 결국 삶을 옴짝달싹 못하게 묶어두고 있다. 제도를 위한 제도는 형식의 튼튼한 테두리를 칭칭 감고 삶을 억누르고 있다."

춤으로 내 이야기를 할 수 있어서 좋다. 나는 억울했던 유년의 기억을 춤으로 만들어 한풀이를 했다. 〈위무〉처럼 2000년대에 만든 작품은 내 이야기가 많았다. 가족에 대한 이야기나 억압받는 여자에 대한 이야기 등. 그렇게 작품을 통해 모든 한풀이를 하고 나자, 나의 작품은 서서히 편안해졌고 즐거운 유희와 놀이가 자리하면서 대중화되었다.

그때는
그랬다

1980년대에는 지금은 상상하지 못할 일이 많이 일어났다. 국립무용단은 당시 다양한 공연을 했는데, 주로 고위급 인사들을 위한 공연들이 많았다. 무용 공연은 행사용이었다. 지금도 그렇지만 외국인을 위한 공연이 잦았다. 외국 귀빈을 위해 청와대에서도 공연했다. 청와대 공연은 가까운 곳에서 관객과 마주하는 데다가 고위급 인사들이 구경하기에 긴장된다. 일반 공연 때도 실수는 절대 용납이 안 되지만, 실수를 해도 선배들에게 야단을 맞는 정도에서 끝난다. 그러나 청와대 공연에서 실수하면 시말서를 써야 하고, 그 뒤로 청와대 공연에서 제외된다. 청와대 공연은 수당을 두둑하게 주기에 다들 선호하던 공연이었다. 지금은 한국의 집이라는 작은 공연장이 있어 거기서 귀빈을 위한 공연을 한다.

〈나례〉 (2010)

80년대에 해외 공연을 가면 무척 힘들었다. 일단 가면 최소 한 달씩 머물러야 하므로 선배들은 해외 공연을 꺼렸다. 해외 공연에서 제외되면 휴가에 가까운 여유로운 시간을 보낼 수 있다. 해외 공연 때는 문화관광부에 소속된 과장이나 부장급의 인사가 무용단을 통솔했다. 고위 간부는 사실 전시용이고, 007가방을 들고 고위 간부를 수행하는 젊은 사원이 통솔 업무를 맡아서 했다. 고위 간부들에게 공연 통솔은 일종의 외유다. 공연 통솔을 빙자해 미모의 무용수들과 더불어 해외에 갈 수 있으니 그야말로 그들에게는 즐거운 여행이다. 그 때는 비용 절감을 위해 비행기를 새벽에 갈아타거나 공항에서 야밤에 두세 시간씩 기다려야 하는 힘든 일정이 많았다. 나중에 알게된 일이지만, 비용 절감 때문이 아니라 비용을 아끼고 남은 돈을 그들의 주머니에 넣는 것이 목적이었다.

〈인당수〉 (2012)

남자 선배들은 인솔자가 돈을 얼마나 뒤로 빼돌리는지 캐고 다녔지만, 안다고 해서 달라지는 것은 없었다. 비리를 알릴 정도로 용기 있는 무용수들도 없었고, 당시 그런 일은 어느 곳에서나 허다하게 벌어졌으니 그리 큰일로 여겨지지도 않았다. 여행 도중 몸이 아파도 아프다는 말을 하면 성가시게 여겨졌기에 가능하면 숨겨야 했고, 개인적인 행동은 절대 금지였다. 당시만 해도 외국에서 사라지는 여행객들이 많았기 때문이다. 만약 그런 일이 발생하면 인솔자가 책임을 져야하기에 관리 감독이 철저했다.

저녁식사를 마치면 방마다 인원 체크를 하기에 방을 지켜야 한다. 그러나 감시가 아무리 심해도 몰래 빠져나갈 방법은 있었다. 한번은 이집트에서 벌어진 세계 축제에 참가했다. 공연이 끝난 뒤 다들 저녁을 먹고 잠을 잘 시간이었는데 밖에서 노래하고 춤추는 소리가 들렸다. 몇몇 무용수들과 몰래 구경을 하러 갔다. 춤추는 곳이 야외고, 밤이라 누가 누군지 알아보기가 어려웠다. 흰 바지를 입고 온몸을 뒤흔들면서 춤을 추는 동양인이 보였다. 유심히 보니 무용단의 남자 선배였다. 같이 갔던 단원들은 모두 손으로 입을 틀어막고 웃었다. 돌아다니다 보니 구경하러 나온 단원들이 제법 많았다. 서로 들키지 않으려고 마치 첩보 작전처럼 숨어서 놀았다.

〈나례〉 (2010)

춤은 쉽다
몸으로 말을 하면 된다
5도 기울어진 닥종이 인형,
그녀는 뭐라고 말하고 있나?

일정을 마칠 무렵에는 무용단에서 단원들이 개인적으로 산 물건의 영수증을 걷어갔다. 젊은 단원들은 영문도 모르고 영수증을 냈다. 남자 선배들은 영수증을 걷는 것에 불만이 많았다. 단원들을 위해 써야 하는 돈인데, 인솔자가 개인 용도로 쓰거나 뒷돈을 챙기는 과정에서 영수증이 필요하다고 했다. 영국 공연 때 인솔자가 버버리코트를 사서 무용수들에게 입고 나가라고 부탁한 적도 있다. 요즘에는 있을 수 없는 일이지만, 당시에는 입고 나가라면 그냥 입고 나가야 했다. 약간의 뒷말은 있었지만, 입을 다물지 않으면 무용단에서 불리한 대우를 받을 수도 있기에 소문은 곧 잠잠해졌다. 가끔 성품이 훌륭하고 비리를 모르는 멋진 사람이 인솔자가 되면 특별한 선물을 받기도 하고 유명한 관광지를 구경하기도 했다.

　불과 20여 년 전의 일이다. 세상은 그 뒤로 많이 변했다. 요즘 무용단은 단원들이 감독을 좌지우지한다. 무용단마다 노조의 힘이 강하고, 노조와 감독 간의 갈등도 심각하다. 5공 시절을 지나면서 겪었던 아픔이 원인이고, 힘없이 하라는 대로 해야 했던 시대에 반발하여 생긴 노조이므로 이해할 수밖에 없다. 힘없던 시절과 강경한 노조의 시대를 지나 최근에는 무용단들이 조금씩 더 프로페셔널해지고 있다. 시대의 아픔을 뒤로하고 무용단들은 조금씩 안정적인 걸음을 떼고 있다. 국립무용단은 시스템이 정립되었고, 작품성도 월등히 좋아졌으며, 무용계의 빛나는 별들을 많이 배출하고 있다.

나의 첫 현대무용 데뷔 공연

　뉴욕에서 줄서기는 일상이다. 1997년 가을, 한 번도 들어본 적이 없는 한국 출신 무용가의 공연을 보기 위해 무브먼트 리서치 극장 앞에 사람들이 길게 줄지어 서 있었다. 공연이 진행된 3일 내내 줄의 길이는 비슷했다. 그 공연이 나의 첫 현대무용 데뷔 공연이었다.

　공연을 본 관객들이 무슨 생각을 했는지는 알 수 없다. 긴 줄에 서서 기다린 뒤에 공연을 본 모든 관객이 흐뭇하고 즐거운 마음으로 출입문을 나서지는 않았으리라. 나 역시 뉴욕에서 이름 없는 무용가들의 데뷔 공연을 많이 봤다. 특별할 것이 없는 공연을 보고 와자하고 시끄러운 금요일 밤의 뉴욕 시내를 걸어 집으로 돌아가기도 했다.

　경제적 여유가 없는 소시민들에게는 값이 저렴한 궁금증 해소용 관람이었겠지만, 공연을 준비한 사람은 그들이 호주머니에서 10불을 꺼내어 티켓을 샀고, 객석을 채워주었다는

작품 안무: 클레어 포터 〈내 말이 부츠라면〉 (1995)

그 자체만으로도 신이 난다. 한국에서는 소극장 춤 공연의 티켓을 사기 위해 줄을 섰다는 이야기를 들어본 적이 없다. 대중적인 발레 공연이나 외국의 유명한 현대무용 공연, 또는 국립무용단의 공연에는 제법 관객이 모인다. 그러나 아직 작은 규모의 무용은 공연료와 시간을 들여 보기에는 아깝다고 생각하는 듯하다. 참 안타깝고 서글픈 일이다.

컬럼비아 대학을 졸업하면서 창작에 대한 열정이 내 안에서 스멀거리고 올라왔다. 베시 손버그의 안무 수업은 창작에 대한 욕구를 일깨워주었다. 나의 첫 뉴욕 공연인 1997년 가을 공연은 그런 열망에서 탄생했다. 무용수를 구하려고 오디션 광고를 스튜디오에 붙였더니 제법 많은 사람이 신청했다. 대부분 그냥 한 번 와본 사람들이라 춤을 제대로 추는 무용수는 없었다. 그중 네 명을 선정하고 연습을 시작했다. 리허설 때마다 전쟁이었다. 연습실도 빌려야 했고, 매시간 무용수들에게 연습료를 지급하기에 철저히 계산해서 리허설을 준비하지 않으면 경제적 손실이 대단했다.

모든 것을 완전히 혼자 준비했다. 기획자, 작곡가, 의상 디자이너도 없었다. 공연 포스터와 엽서를 만들고, 그것을 들고 다운타운의 게시판에 붙이러 다녔다. 혼자 음악을 편집하고 의상을 직접 사거나 제작하여 만든 공연이었다. 누가 올지 전전긍긍하면서 공연 날을 맞이했다. 예상외로 사흘 내내 공연장이 꽉 차서 놀랐다. 나는 그것이 내 공연에 대한 기대만을 의미하지는 않는다고 생각한다. 재미있는 것을 보기 위해 어슬렁거리는 뉴요커들이 그만큼 많다는 의미일 것이다. 춤 공연에 대한 호기심이 그들을 극장으로 오게 했으리라.

공연이 끝나고 며칠 후, 어느 독특한 파티복을 파는 가게 앞에 내 공연 엽서가 걸려 있었다. 반갑기도 하고 의아하기도 해서 엽서를 왜 걸어두었는지 주인에게 물어보았다. 그는 나를 알아보았다. 그는 우연히 엽서를 발견하고 궁금한 마음에 공연을 보러갔다고 했다. 무엇이 궁금했느냐고 물었더니 "음, 뭐랄까. 사진이 묘했어요. 무슨 말을 할 듯 말 듯한 표정이 신기했기에 날짜를 표시해 뒀다가 공연을 보러 갔지요"라고 대답했다.

〈A Day In A Summer〉 (1997)

주인을 궁금하게 만든 그 사진은 유명한 독일 작가의 작품이다. 록펠러 재단에서 일하는 랄프 새뮤얼슨이 요청해 공연 때 찍은 사진이었다. 뉴욕의 다운타운에는 예술에 관심이 있는 일반인이 많다. 나는 그 사람에게 작품에 대한 평을 물을 정도의 용기는 없었다. 그가 공연을 어찌 보았건 시간을 내 공연을 보았다는 그 자체만으로도 감사했다.

　뉴요커들은 멋을 알고 호기심이 많다. 뉴욕이라는 도시가 워낙 다양한 문화를 수용하기에 다른 문화에 대해 마음이 열려있고, 독특한 것을 곧잘 받아들인다. 독창적인 것이라면 무조건 살펴보는 호기심 많은 뉴요커들이 있기에 도시의 공연 문화는 늘 활발하다. 나의 뉴욕 데뷔 무대는 그들의 호기심과 입소문이 있었기에 가능했던 공연이었다.

무용수의 휴일

 2004년 1월 1일. 춤추지 않아도 되는 날, 휴일이다. 새해라지만 별로 특별한 계획이 없는 하루였다. 다만 게으를 자유가 있어 좋았다. 항상 10시에 시작하는 무용 수업에 늦지 않으려고 분주한 아침을 보냈지만 이날 만큼은 온종일 아무것도 하지 않아도 되는 휴일이다. 늘어지게 잠을 자고 일어나 주섬주섬 옷을 입고 거리로 나갔다. 하늘은 맑고 바람은 찼다.

 특별히 갈 곳도, 특별히 오라는 곳도 없는 하루. 발길이 닿는 곳으로 가서 어정거릴 계획이었다. 주로 노인들이 타는 느린 버스가 왔다. 버스를 탔다. 여유롭게 도시를 다녀보고 싶었다. 맑은 하늘을 배경으로 그윽한 정취가 풍기는 호수가 보였다. 센트럴 파크의 북쪽 끝에 있는 버려진 호수다. 할렘과 가까운 뉴욕 북쪽의 센트럴 파크는 범죄가 잦고, 위험한 곳이라 인적이 드물다. 위험한 곳이지만 자연은 아름답기만 하다.

맨해튼에 이런 멋진 호수가 있다니! 6년 동안 맨해튼에 살면서도 위험한 곳이라고 들었기에 가본 적이 없었다. 몽유병 환자처럼 바깥을 응시한 채 버스에서 내렸다. 백인들은 조심하느라 흑인들의 지역에 가지 않는다. 그 호수에는 단 한 사람의 백인도 없었다. 흑인 아이들과 부모들, 흑인 연인들이 호숫가를 거닐고 있었다.

인위적으로 홈을 파서 좌우로 굴곡을 넣은 호수 길을 걸으니 거위인지 오리인지 모를 새가 무리지어 달려들었다. 추운 겨울에 인적이 드문 호수를 지키는 그들에게는 먹을거리가 별로 없는가 보았다.

시린 호숫가
찰랑거리는 물살을 따라
떠 있듯 밀려가는 오리 새끼들

거뭇한 마른 가지 사이로
시린 겨울이 누워 있고

넉넉한 하루 밑에
뒤뚱거리는 오리 새끼들

주머니에 넣은 손
무색하게 멈추니

지그재그 뒤따르며
꽥꽥거리는 미운 오리 새끼들

오리들이 나를 보더니 입을 위로 치켜들고 꽥꽥거리는데 줄 것이 없었다. 주위에 가게가 있으면 뭐라도 사서 먹이고 싶었으나 가게도 문을 닫았다. 뒤뚱거리며 따라오는 오리 무리를 뒤로하고 호수를 빠져나왔다. 유난히 겨울 햇살이 날카롭던 새해였다. 아담하고 아기자기한 능선을 따라 한적하게 걷다가 오리에 쫓겨 집으로 왔다. 조용하고 편안한 휴일이었다. 춤추는 또 다른 날들을 위하여, 나는 새로운 포부를 품고 그렇게 2004년 새해를 시작했다.

뽕짝과
어머니

 따디디 띠!

 신호음과 함께 라디오에서 정오의 뉴스가 시작됐다. 아버지는 정오의 뉴스를 꼬박꼬박 챙겨 들으셨다. 정오가 되면 어김없이 들리던 앵커의 독특한 목소리와 12시를 알리는 신호음은 어린 시절의 추억이다. 거기에 한의원에서 진료하시던 아버지의 얼굴이 겹쳐지면 그리움과 더불어 아쉬움이 물밀 듯이 밀려온다. 이즈음이 되면 감정을 제어하기 힘들다. 눈을 감고 얼굴을 위로 들어 눈물을 목 안으로 삼킨다. 돌아갈 수 없어서 아쉽고, 신기루와 같은 기억이기에 더 아련하다. 내게 정오의 뉴스와, 햇살과, 한약 냄새는 늘 실타래처럼 얽혀 있다.

 잊지 못할 유년의 기억 중 하나는 뽕짝이다. 뽕짝은 어릴 때 쨍쨍한 햇볕에 바짝 마른 빨래를 개며 어머니가 자주 흥얼거리던 노래다. 그나마 어머니가 흥얼거리는 뽕짝은 들어도

〈안팎〉(2005)

별 부담이 없었으나, 유난히 휘발유 냄새가 많이 나는 시외버스를 탔을 때 라디오에서 흘러나오던 뽕짝은 멀미를 유발했다. 거기에 담배 연기와 운전기사의 노랫소리까지 더해지면 나의 멀미는 더욱 기승을 부렸다.

어린 시절에는 어디서든 뽕짝을 들을 수 있었다. 나에게 그것은 참을 수 없이 싫은 어른들의 노래였다. 30여 년의 세월이 흐르고 나니 그 지겹고 멀미나던 뽕짝이 그리워진다. 세월의 켜는 모든 것을 변화시키나 보다.

작품을 만들면서 뽕짝이 작품 음악으로 좋은 재료라고 생각했다. 뽕짝뿐 아니라 유년의 기억들 하나하나가 다 작품의 재료가 될 수 있다고 여겼다. 작품 만들기에 한참 재미를 붙였던 2000년 초부터 나의 이야기는 무대에서 시로, 춤으로 또는 영상으로 재현됐다. 뽕짝은 2005년에 만든 작품 〈안팎〉에서 나온다. 「목포의 눈물」을 구성지게 부르던 내 어머니는 작품 〈안팎〉의 주인공이었다. 이 작품은 외할머니, 어머니 그리고 나로 이어지는 '닮음'과 '단절'에 관한 이야기다. 어머니의 타고난 춤쟁이 근성은 외할머니로부터 물려받은 것이며, 다시 나에게로 유전된 것이다. 닮음을 부정하면 할 수록 닮음을 확인하게 된다는 것이 이 작품의 주제이다.

〈안팎〉(2005)

어머니는 춤을 배워본 적이 없었지만 춤과 노래를 좋아했다. 옷을 둘둘 말아 등에 집어넣고 병신춤을 서슴없이 추곤 했다. 외할머니 생신날 잔치가 벌어졌다. 어머니가 머리에 수건을 둘러매고 마당에서 장구를 치던 모습이 지금도 생생하다. 어머니는 장구를 배워본 적도 없고 어떻게 메야하는지도 잘 모르셨다. 장구를 거꾸로 메고 상체를 뒤로 젖힌 채, 허리가 아니라 가슴에 달라붙어 있는 장구로 가락을 치시던 어머니. 장구채 잡는 법도 자기 멋대로였다. 오른쪽과 왼쪽이 바뀐 장구채는 리듬을 맞추는 데는 아무 지장도 없었다. 장구를 아무렇게나 두드리면서 춤을 추는 어머니를 보면서 어린 마음에 창피했다. 아버지도 한쪽 구석에서 못마땅한 표정으로 입을 오물거리면서 불만스럽게 쳐다보시고는 했다.

아버지는 저세상으로 간 지 오래되었지만 다행히 낙천적인 어머니는 아직도 정정하게 살아계신다. 꼬깃꼬깃한 종이쪽지에 노래 가사를 적어서 흥얼거리며 가사를 외우시던 나의 어머니.

국립극장에서 처음으로 나의 공연을 보신 아버지의 말씀을 아직도 기억한다. "네가 무대에서 춤을 추는데 네 엄마가 춤을 추는 줄 알았다." 아버지는 못마땅하게 입을 오물거리셨으면서도 어머니의 춤을 결코 싫어하지는 않으셨던 모양이다.

삶을 즐겁게 하는
예술

 외관이 독특한 레스토랑에 들어갔다. 인테리어가 손님을 압도한다. 테이블에 앉으면 깔끔하게 차려입은 웨이터가 정중한 태도로 물을 따라준다. 메뉴를 보고 요리를 결정해야 하는데 이름이 낯설어 무슨 음식인지 도저히 알기 어렵다. 우리가 잘 아는 음식이 아니라 요리사가 직접 창작한 요리니 손님이 정확하게 알기는 어렵다. 요리가 나와야 요리사의 실력을 가늠할 수 있다. 음식값의 숨겨진 비밀은 접시 안에 있다.

 요즘은 음식도 창의력이 중요하여 경쟁이 치열하다. 요리의 세계는 성공과 실패만이 존재하는 냉혹한 세계다. 순수 예술과는 그 내용이 또 다른 경쟁의 세계다. 음식은 모든 감각이 총동원되는 일종의 종합 예술이다. 마치 오케스트라와 같고 무용 공연과도 많이 닮았다. 접시는 무대를 연상하게 한다. 음식이 담긴 모습은 무용의 구성과 닮았으며, 재료의 질감은 마치 감성이 서로 다른 무용수들을 보는 것 같다.

접시의 모양에 따라 음식의 배열도 달라진다. 어쩌면 미각 예술이란 음악이나 춤의 감각을 능가하는 예술의 한 분야가 아니냐는 생각마저 든다.

안무가로서 더 풍부한 무대를 만들기 위해 다양한 공부를 하는데, 요즘은 맛에도 관심이 많다. 어느 분야나 마찬가지지만, 레스토랑은 독창성과 맛으로 승패가 갈린다. 요리사는 재료 선택에서부터 색감, 그리고 접시에 어떻게 올릴지까지 고민을 한다. 음식을 통한 상상의 세계는 점점 확대되고 있다. 애피타이저는 주로 시각에 초점을 두고 메인은 질감에 신경을 더 쓰는 모양이다. 미식가들은 최고의 요리사를 찾기 위해 세계 곳곳을 기웃거린다.

요리 예술가의 작품을 춤쟁이가 감상해보았다.

사진 A는 전채 요리인데 먹을만한 것은 많지 않다. 볼거리가 풍부하여 회화에 가깝다. 엑스(X)자로 그려진 초록 채소는 붉은 연어와 어우러져 식욕을 돋운다. 통깨의 까칠한 질감이 부드럽고 축축한 연어에 힘을 주어 흐트러짐을 제어하고 있다. 오른쪽에 거뭇한 십(十)자로 그려진 건 소스다. 전체적으로 흩어질 수 있는 구성이지만 십자로 그려진 긴 소스가 연결성을 만들어준다.

사진 A

사진 B

사진 B는 재료를 이용한 독특한 아이디어가 돋보인다. 방울토마토를 데쳐서 껍질을 벗겨 꽃처럼 만들었다. 창의적이다. 접시에 아로새긴 다양한 점들 사이에 걸려 있는 육즙, 접시의 크기와 비율을 맞춘 아스파라거스의 길이 배열, 그리고 접시에서 고기가 놓인 위치 등 모양에도 꽤 신경을 썼다. 이런 음식을 접하면 먼저 감상부터 한다. 배열과 장식, 색감, 재료의 질감, 접시의 느낌 그리고 향도 맡아본다. 먹을 때에는 재료의 신선도를 느껴본다. 천천히 음미하고 느리게 즐기면서 먹는다. 이런 음식을 먹을 때는 맛에만 돈을 내는 게 아니다. 요리사의 창의력이 음식 값에 포함된다.

창의력은 돈을 벌어다 줄 뿐 아니라 삶을 즐겁게 한다. 음식 값은 가게의 인테리어부터 요리사의 창의력, 서비스 전부를 고려해 매겨진다. 무용 공연을 준비하는 과정과 비슷하다. 무용 공연은 움직임뿐 아니라 무대 장치, 의상, 무용수, 음악, 소품, 분장까지 모두가 공연의 필요조건이다. 요식업을 하려면 인테리어, 맛, 예술 등 다양한 분야에 대한 지식이 필요하듯 춤 창작도 마찬가지다.

타 분야의 창작 과정은 무용가들의 관심거리다. 춤 작품의 제작에는 음악적 지식, 미술적 감각, 디자인, 기획, 움직임 등 다양한 분야의 지식이 총망라된다. 작품을 잘 만든다는 의미는 춤만 잘 춘다는 의미가 결코 아니다. 그래서인지 무용과 전혀 무관한 분야를 공부하는 안무가들도 많다. 요리가 맛만 중요한 것이 아니라 다양한 분야를 공부해야 창조할 수 있는 종합 예술의 한 영역이듯이 안무도 요리처럼 종합 예술이다.

내 춤의 모토, 전통과 현대의 접목

전통과 현대를 접목하는 것은 내 춤의 기본 모토다. 생활 속에서 그런 비슷한 발견을 하면 나도 모르게 감탄을 한다. 뉴욕 14번가에서 전통과 현대가 절묘하게 어우러진 장소를 발견했다. 1990년대 초만 해도 맨해튼 14번가 서쪽의 허드슨 강가는 쓰레기가 뒹구는 우범 지대였다. 작가들이 사진을 찍거나 영화를 촬영하던 장소로 자주 찾던 곳이다. 들쥐들이 거리를 가로질러 다니고 건물들은 오래 방치되어서 쓰러질 지경이었다. 강가를 걷다 보면 재미있는 풍경이 보였다. 거대한 창고 같은 건물 안으로 철길이 들어가고 나오는 것을 볼 수 있었다. 허드슨 강으로 배가 들어오면, 뉴욕 전역의 내부 철로와 연결할 수 있도록 만들어진 부둣가 기차역이다. 수출입할 물건들을 실어 나를 용도로 만들어진 역이라 창고에 가깝다. 훗날 도시가 정비되자 수송용 기차는 사라지고 거대한 역들은 방치되었다. 낡은 역 때문에 부둣가는 흉측했다.

1995년경부터 재개발이 시작되었고, 크고 작은 갤러리들이 오픈하면서 흉측하던 부둣가는 새롭게 변신했다. 허드슨 강을 배경으로 지대를 불도저로 밀어 현대식 빌딩을 올린 남쪽의 월스트리트와는 다른 모습이었다. 서쪽 부둣가는 있는 그대로의 모습을 살려둔 채로 재정비되었다. 창고는 나이트클럽으로 개조했고 구불거리는 건물들은 개성 있는 갤러리로 거듭났으며, 쓰러져가는 건물들은 내부를 수리하여 멋진 카페로 만들었다. 그즈음 한 개인이 부둣가 기차역 하나를 사들여 수리한 뒤 독특한 마켓을 오픈했다는 신문 기사를 읽었다. 살펴보니 가까운 곳이었다. 궁금한 마음에 그곳에 찾아갔다. 건물을 보는 순간 '아!' 하고 입을 벌렸다. 딱 한마디로 말하자면 전통과 현대의 기막힌 만남이 이루어진 건물이었다. 허드슨 강가 기차역의 가치를 아는 디자이너의 안목이 건물에 그대로 드러났다. 쓰레기 더미에서 보물을 찾은 것이나 마찬가지다.

　마켓 내부의 바닥에는 거친 나무가 깔려 있었다. 오래되어 홈이 파이거나 갈라진 나무였다. 갈라진 틈 사이로 철로가 보였다. 원래 건물에 있던 오래된 나무들을 잘라 바닥에 깔았다고 했다. 거친 나무 바닥과 철로는 사람들의 발에 걸리지 않도록 평평하고 윤기나게 마감 처리를 했다. 천장에 걸친 쇠 파이프들은 튀어나온 상태를 그대로 살렸고, 모서리가

〈아바타 처용 I〉(2003)

〈안팎〉 (2005)

〈위무〉(2007)

마모된 빨간 벽돌은 울퉁불퉁한 상태 그대로 벽으로 쓰였다. 코너를 돌자 거대한 난로가 있었는데 마치 용광로를 연상케 하는 크기였다. 조명의 각도를 다양하게 비추어서 난로는 그로테스크해 보였다. 쓰레기장으로 가야 할 난로가 예술 작품으로 거듭난 것이다.

역사의 흔적을 그대로 두고 현대적으로 개조한 마켓의 모습이 인상적이어서 그 마켓에 자주 가고는 했다. 한국에 돌아오니 삼청동에도 재미있는 모양의 낡은 건물이 많았다. 건물들을 보면서 저런 건물들이 뉴욕의 마켓처럼 변신하면 좋겠다는 생각을 했다. 어느 날 삼청동을 지나는데 기와집이 카페로 변신해 있었다. 나도 모르게 탄성을 질렀다. 이후 삼청동은 서서히 독특한 거리로 변화했다. 기차역이 마켓으로 변화한 것만큼 획기적이지는 않지만, 삼청동은 재미있는 장소로 변했고 구경거리를 찾아다니는 관광객들로 이 거리는 요즘 인산인해다. 관광객들이 이곳으로 몰리자 전국의 다른 뒷골목들도 되살아나고 있다.

오래된 것은 그 자체로 가치가 있다. 그러나 현대인의 감각을 자극하기에는 고루하다. 훌륭한 디자이너의 안목은 고루한 전통을 창작의 소스로 활용하여 획기적인 디자인으로 변화시킨다. 전국의 낡고 흥미로운 장소들이 사라지기 전에 안목 있는 디자이너들이 그 장소들을 발견하길 바라본다.

나의 삶

무용의 이해

나의 직업

관계와 감동

춤의 저변에 대해서

안무를 향한 갈망

 1991년에 처음 안무를 했다. 안무가 무엇인지도 모르고 했다. 원래 안무는 그냥 모르고 하는 게 맞는 것일지도 모른다. 첫 작품의 제목은 〈틀 벗기기〉다. 지금 생각하면 웃음이 나오지만, 당시에는 심각하게 고민한 작품이다.

 당시 국립무용단에서는 발레 형식을 빌려 스토리 위주의 작품을 올렸다. 〈도미 부인〉, 〈호동 왕자〉 등 누구나 아는 고전적인 이야기를 언어가 아닌 몸으로 표현하는 작품들이었다. 안무하는 선생님들도 각자 자기 감각으로 작품을 창작했다. 나는 무용단에서 새 작품을 연습할 때마다 불만이 많았다. '왜 선생님은 이걸 저렇게 표현하지? 나라면 이렇게 표현할 텐데……'라고 마음속으로 투덜거렸다. 작품을 만들고 싶은 열망이 싹트던 시기다.

 그 무렵 국립무용단에서 신진 안무가를 양성하기 위한 기획이 생겼다. 신청을 했더니 기회가 주어졌다. 그때 만든

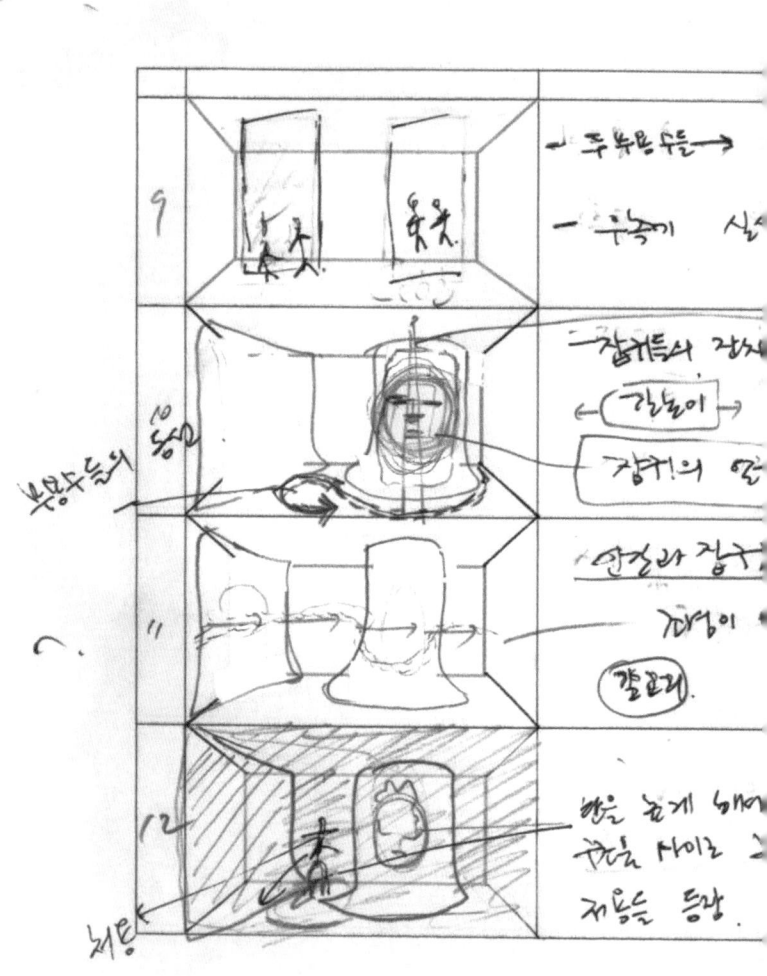

	눈을 두바람 바뀌면 - 명상된다. (두 모봉는)	잡귀다. 인간 인간 관찰치 잡귀 + 잡귀 인간 + 인간 } 명상녀 논다.
	(그림: 무한대 모양) 책장함 (늑백?)	인간 (반너머에있다.)
	(그림: 사람들 화살표) 날러져있는 인간 (최정함 적도)	→ 사이드 컨덕으로 [의상?]
	(그림: 무봉들의 이동, 소용돌이) 무봉들의 이동.	집 당근후가? 처음에 뭐가서 내려면? 그럼 어떻게 사라지나? 의동, 의동..!!

밤의 얼굴 아바타 처용-2 page no. 7

작품이 〈틀 벗기기〉다. 몸에 새끼줄을 감고 틀을 벗기 위해 몸을 비틀고 인상을 쓰는 작품이었다. 말로 표현하지 않고 몸으로 표현하니 마임과 비슷했다. 그야말로 틀을 벗는 작품이었다. 움직임을 만들기 위한 노하우나 이론도 없었다. 그 작품을 만들고 난 뒤부터 창작을 하고 싶은 나의 열망은 점점 강해졌다. 한 번의 안무 경험은 마약과 같은 것이었다. 맛있는 음식을 보면, 침이 고이는 것처럼 저절로 안무를 향한 이상한 갈망이 생겼다.

당시 한국무용 전공자들은 대학에서 안무법을 배우지 않았다. 전통춤을 배우는 실기 수업이 다였다. 나의 첫 안무 수업은 대학교 3학년 때다. 어느 날 정재만 교수님께서 수업 시간에 동물 흉내를 내보라고 하셨다. 수업은 동물의 왕국으로 변했다. 키득거리기도 하고 창피해 하기도 했다. 일종의 안무법 수업이었다. 이후에는 그런 수업을 하지 않으셨다. 대학원에서 처음으로 안무법을 배웠다. 서양의 이론을 가져와 가르쳤는데 재미있었다.

서른을 넘기면서 무용수로 평생을 살아야 할지 심각하게 고민을 했다. 무용수로 성공할 만한 체격도 능력도 안됐다. 160cm의 키로 대극장에서 주역이 되기는 어렵다는 판단을 하고 개인적으로 작품을 만들어 올리기 시작했다. 전통을 바탕으로 창작하는 한국 창작 무용가의 길을 선택했다. 먼저 전통춤 공연으로 기본을 다지는 것이 중요하다고 여겼다. 91년 〈손인영의 우리 춤〉을 공연하고 자신감을 얻었다. 92년 두 번째 안무 작품 〈황사〉를 문예회관 대극장에서 올렸다. 명성이 없는 무용가였기에 공연에 필요한 경비는 스스로 충당해야 했다. 월급을 깨알같이 모아 전 재산을 공연에 쏟아 부었다. 요령은 없었지만 열정이 있었고 에너지가 넘쳤다.

〈소통〉(2001)

나의 두 번째 안무도 특별할 것이 없는 작품으로 남았다. 창작에 대한 열망이 강해지자 무용단을 그만두고 뉴욕으로 떠났다. 1993년의 일이다.

한국에 돌아와 2000년대부터 독립안무가로서 매년 한두 편의 작품을 냈다. 작품을 만들 때마다 캄캄한 터널을 지나는 기분이었다. 작품을 만들고 십 년이 지나니 여유도 생기고 노하우도 쌓였다. 작품은 잘 만들어질 때도 있고 잘 만들어지지 않을 때도 있다. 완성되기 전에는 알기 어렵다. 매 작품 재미있게 작업을 하다가도 벽에 부딪히고는 했다. 해를 거듭할수록 고민을 즐기는 법도 터득했다. 그렇게 이삼십 년의 세월을 보내니 뿌옇게나마 앞이 보이기 시작했다. 그런데 막상 앞이 보이기 시작하니 작품에서 폭발하는 에너지가 약해졌다. 유학 시절 배운 안무법의 영향이기도 하지만, 작품을 여러 편 만들면서 안무에 대한 노하우를 터득해 춤 만들기가 수월해졌다. 요령이 생긴 것이다. 그러나 지금 만든 작품이 젊었을 때 만든 작품보다 좋다고 말하기는 어렵다. 작품 만들기는 쉬워졌지만, 열정이 사라졌다.

어떻게 해야 할지 모를 때, 오히려 몸에서 생성되는 생명의 힘은 강하다. 욕망하는 힘이다. 욕망이 강할수록 에너지는 더 많이 분출된다. 작품은 어쩌면 욕망하는 힘으로 만들어지는 것 같다는 생각이 든다.

작품 〈안팎〉이 나에게 남긴 것

　작품 〈안팎〉은 꽤 오래 생각한 작품이다. 몇 년 동안 묻어 두었던 나의 이야기를 정리한 삶의 진솔한 보고서였다. 〈안팎〉은 여성 3대의 이야기다. 외할머니, 어머니, 나로 이어지는 여성의 삶을 돌아보고 그 속에서 면면히 흐르는 닮음과 이어짐에 관한 이야기들이 파노라마처럼 무대에서 펼쳐진다. 2005년에 나는 〈안팎〉을 만들지 않으면 안 될 것만 같은 느낌이 들었다. 그 전에도 몇 년 동안이나 그 작품을 하려고 계획했지만, 매번 다음 해로 넘겼다. 그러나 2005년 그해에는 지금 〈안팎〉을 안 하면 영원히 못 하게 될 것만 같다는 생각에 사로잡혔다. 그 예감은 적중했다. 나이는 많았지만 건강하시던 외할머니께서 이듬해 뇌사 상태가 되셨고, 2007년에 결국 세상을 하직하셨다. 외할머니의 마지막 모습은 〈안팎〉에서 사진으로, 비디오로, 또 작품으로 온전히 남았다. 천만다행이다.

닮았다
신기하다
할머니는 할 일을 했고,
엄마도 할 일을 했다
나는 할 일을 못 했다

〈안팎〉 (2005)

작품을 만들기 시작하면 늘 눈앞이 캄캄하고 막막했다. 고통과 고뇌를 등에 업고, 휘청거리며 이정표가 없는 먼 길을 걸어가는 느낌이었다. 늘 더듬거리고 두리번거렸다. 그런데 〈안팎〉을 무대에 올린 후 나의 길은 조금씩 선명해졌고, 두려움이 서서히 가셨다. 그것이 그동안 몇 작품을 올리면서 쌓인 경험과 노하우 덕에 새롭게 맞이한 단계인지 아니면 노련함이 주는 생산적인 여유인지는 잘 모른다. 중요한 것은 작품을 하면 언제나 찾아왔던 막연한 두려움보다, 심각한 고민을 더 많이 하게 되었다는 것이다. 그 고민은 나에게 생각의 길을 열어주고 창작의 문을 두드리게 했다.

　〈안팎〉은 내게 많은 행운을 주었다. 올해의 예술상을 받는 영광을 안겨주었고, 그 이듬해 내가 이끄는 나우무용단이 집중 육성 지원단체로 선정되었으며, 사회적기업으로, 또 상주단체로 거듭났다. 나는 헉헉거릴 정도로 바쁜 날들을 맞이하게 되었다. 이 작품은 내 예술 인생을 새로운 국면으로 접어들게 한 중요한 전환점이었다. 나이는 중년이었지만, 그동안 무용단 생활을 오래 했고, 또 외국에서 몇 년 지냈으며, 전통 위주로 공연했기 때문에 작품 창작 활동을 본격적으로 시작한 시기는 그리 오래되지 않았다. 한국에 돌아온 후부터야 제대로 작품이란 것을 무대에 올리기 시작했으니 얼마 안 되는 기간이다.

2005년까지 거의 해마다 한 작품 이상을 꾸준히 무대에 올렸다. 〈소통〉, 〈아바타 처용〉, 〈손의 죽음〉, 〈페미타지〉, 〈감각〉, 〈웃음〉 등등 그 모든 작품이 다 소중하다. 그러나 여러 가지 이유로 작품 〈안팎〉은 특히 애착이 더 많이 간다.

아직도 맴도는 노랫소리, "연분홍 치마가 봄바람에 휘날리더라……". 작품 〈안팎〉의 주제 음악이다. 다양하게 변주된 음악은 작품 전반에서 반복해서 흐른다. 〈안팎〉을 생각하면 아직도 여운이 몸 안에 가득하다. 삶의 여정은 다각도로 그 흔적을 남긴다. 그것은 적당한 여운과 참을 수 없는 향수를 불러일으킨다. 「연분홍 치마」라는 노래는 단지 노래 그 자체로 내게 다가오는 게 아니라 어머니, 외할머니와 함께 사진을 찍고 비디오를 찍던 2005년 그 시절, 그 분위기, 그 향기로 나에게 다가온다. 다시 볼 수 없는 외할머니와 다시 돌아 갈 수 없는 2005년, 〈안팎〉은 그렇게 나의 역사를 만들었다.

〈안팎〉(2005)

몸으로 소통한다
손을 어루만지고 마음으로 말을 한다
이어짐과 스밈, 그 사이에 흐르는 따뜻함이 좋다

작품 〈안팎〉을 한 지도 벌써 여러 해가 지났다. 흐르는 세월에 기만당하는 느낌이다. 시간의 흐름을 느끼는 것은 각자의 고유한 영역이 아닐까 싶다. 〈안팎〉을 올린 이후, 나는 무척 바쁘게 살았다. 어쩌면 인생의 정점을 향해 달려가고 있었을지도 모르고 아니면 마지막 낙엽을 떨어뜨리기 위해 처절한 몸부림을 쳤던 것인지도 모른다. 그 작품 이후 고뇌와 아픔의 순간이 많이 가셨다. 당면한 것들을 해결하느라 내면 여행을 자주 할 수 없었다. 2012년까지 줄기차게 달려온 춤 인생. 나는 2013년부터 다시 내면의 여행을 하면서 여유롭게 보내고 있다.

〈웃음〉은 웃으면서 만들었다

하하하하 으흐흐흐 키키키 크하하하하

웃고, 웃고 또 웃는다. 몸을 사정없이 비틀기도 하고, 뒤로 넘어지기도 하고, 앞으로 숙이기도 한다. 여섯 명의 무용수들이 관객을 향해 참을 수 없는 웃음을 터뜨린다. 어리둥절한 관객들은 무용수들의 웃음에 어떻게 대처해야 할지 몰라 서로 쳐다보거나 두리번거리다 자기도 모르는 사이에 같이 웃기 시작한다. 객석과 무대는 온통 웃음바다가 된다. 웃음은 웃음을 불러오고 웃음이 점점 커지자 다섯 명의 무용수는 차례대로 입을 다물고 관객을 쳐다본다. 관객들은 서서히 웃음을 멈추기도 하고 계속 웃기도 한다. 한 무용수는 다른 무용수들이 웃음을 멈춘 것도 모르고 자기 웃음에 자기가 도취되어 지랄병이 난 사람처럼 혼자 자지러지게 웃다가 거의 실신 상태가 될 즈음에 배를 잡고 앞으로 몸을 숙이면서 무대 바닥을 긴다. 그 모습에 관객들은 또 다시 킥킥거리며 웃음보를 터트린다.

〈웃음〉(2006)

2005년도에 만든 작품 〈웃음〉은 이렇게 시작된다. 그렇게 탄생한 작품 〈웃음〉은 이후 2012년까지 나우무용단의 대표적인 작품이 되어 대중을 위한 공연으로 개작에 개작을 거듭했다. 나우무용단에서 가장 많이 공연한 작품이다.

이 작품을 만들면서 무용수들과 나는 많이 웃었다. 연습실의 풍경이란 심각할 때도 있지만 재미있고 즐거울 때도 많다. 특히, 이 작품은 연습 자체가 개그였다. 심각하고 우울한 〈소통〉, 〈페미타지〉, 〈손의 죽음〉 등의 작품을 주로 만들던 나로서는 상당히 도전적인 작품이 〈웃음〉이다. 나이를 조금 먹으면서 작품과 삶의 방향을 다르게 재단하고 싶었다. 〈웃음〉이라는 작품을 만들게 된 계기는 미국 생활이다. 춤의 소재는 주로 개인의 삶 속에서 경험한 것들이 기억 안에 묶여 있다가 어느 날 작품의 소재가 되어 나온다.

1980년대만 해도 한국의 공연물이나 드라마는 눈물 파티가 대부분이었다. 웃음이라는 주제는 상상도 못 하던 시절이다. 반면 뉴욕에서 생활할 때, 드라마를 보면 우는 장면은 거의 보기 어려웠다. 대부분 웃음을 자아내는 시트콤들이었다. 나는 별 시답잖은 것을 보고, 정도 이상으로 웃는 미국인의

〈웃음〉 (2006)

정서를 이해할 수 없었다. 물론 처음에 언어를 이해하지 못했기 때문에 웃음이 안 나오기도 했지만, 의사소통에 불편함이 사라진 뒤에도 그들의 정서를 이해하기가 무척 어려웠다. 파티에 가도 괜히 크고 화통하게 웃는 그들을 보면서 가식이 난무한다고 생각한 적도 있었다. 한국에 돌아온 지 얼마 지나지 않아 한국에도 시트콤이 유행하기 시작했고, 드라마의 주제들이 점점 변하는 것을 느꼈다. 눈물은 사라지고 웃음이 그 자리를 채웠다.

작품은 작가를 대신한다. 나는 상당히 개구진 구석이 많은 아이였으나, 어른이 된 후에는 폼 잡는 일이 많아졌다. 2005년에 작품을 만드는 과정에서, 웃는 상황을 연출할 때 더 창의적인 나를 처음 발견했다. 그것이 선천적 기질의 문제인지 나이 들면서 가지게 된 나의 또 다른 모습인지 알 수는 없다.

연습실에서

〈웃음〉을 준비하면서 많이 웃었다

작품 〈웃음〉을 만들면서 아이디어를 내고 연습을 시작하면 처음에는 큰 웃음이 나지만 몇 번 연습을 반복하는 동안 웃음이 잘 나오지 않게 되는 경우도 있다. 그런 경우 공연은 실패할 확률이 높다. 관객이 웃을 수도 있고, 웃지 않을 수도 있으므로 연습 때마다 웃음이 날 정도로 재미있어야 성공한다. 관객은 매정하다. 관객은 만드는 사람이 생각하는 방향과 상당히 다르게 움직이기도 하기에, 내가 우습다고 관객이 웃을 것이라고 여기면 낭패를 본다. 관객을 웃게 하는 공연을 만드는 건 사실 만만하지 않다. 한국 관객은 웃음에 익숙하지 않아 더 그렇다. 뉴욕의 소극장에서는 춤 공연을 보고 실컷 웃는 관객이 많지만 아직도 한국의 춤 공연은 심각한 주제가 많다.

아일랜드에서 보낸 6주

아일랜드 무용단과의 협동 작업은 우연히 이루어졌다. 뉴욕의 한 페스티벌에서 옆 사람과 짧게 나눈 대화가 그 계기였다. 댄스 시어터 오브 아일랜드(DTI)는 아일랜드에서 정부의 기금 지원을 받는 몇 안 되는 무용 단체 중 하나다. DTI와 나우무용단과의 공동 작업은 뉴욕에서 이야기가 시작되어 2년간 진행된 프로젝트다. 2008년 6월 나우무용단이 먼저 아일랜드를 방문했을 때는 DTI 안무가가 창작 작업을 진행했고, 이후 DTI의 무용수들이 8월 말에 한국에 왔을 때는, 내가 안무했다. 이렇게 만들어진 40분 길이의 두 개 작품은 9월 서울국제공연예술제에 참가하여 아르코 예술 극장 대극장 등 여섯 개 극장에서 총 8회의 공연을 했고, 이어 11월에는 아일랜드 파빌리온 극장 등 한 달 동안 총 일곱 개 극장에서 10회 공연을 했다.

GNP가 높고 잘 산다고 알려진 나라 아일랜드. 6주간 그곳에 머무르면서 체감한 '잘 산다'는 의미는 자기를 위해 시간을 더 많이 투자하는 것과 여유로움이었다. 그들의 느긋함은 정도를 넘어 마치 초월한 것처럼 보였다. 십 분에 한 대씩 도착해야 하는 버스가 40분간 안 와도 불평이 없을 정도였다. 한국과는 다른 에너지를 가진 나라다.

DTI에서는 유럽의 여러 나라에서 오디션으로 선발되어 온 무용수, 알렉스, 존, 리스, 재스민과 연주자인 닉, 로리 등이 참여했고 나우무용단에서는 무용수인 김병화, 신주진, 유승관, 박민영과 연주자인 이일우와 김보미가 참여했다. DTI는 더블린의 던 로라라는 지역에 있다. 더블린은 시내 중심가만 북적거리고, 그 외의 지역은 주택가다. 던 로라는 항구를 끼고 있는데 한국으로 치면 강서구쯤 되는 지역이다. 오디션으로 선발된 유럽의 무용수들과 한국의 무용수들은 연습실 근처에서 생활했다. 그들은 DTI에 소속된 무용단으로부터 집과 식사를 제공받았다. 유럽의 무용수들은 집과 식사 외에 주당 550유로의 연습비를 받았다. 한국과는 비교가 안 될 정도로 많은 액수지만 유럽에서는 무용수들이 받는 일반적인 수준이라고 한다.

2008년 6월 2일 월요일 10시에 아일랜드 무용단 연습실에서 나우무용단과 DTI 무용수들의 첫 만남이 있었다.

아일랜드 더블린에서

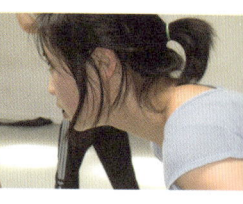

⟨Under the Roof⟩ (2008)

나우무용단 무용수들은 테크닉이 우수하고, 강함과 부드러움을 동시에 가지고 있어 다양한 에너지의 흐름을 몸으로 표현할 수 있는 반면, DTI 무용수들은 열린 마음을 가졌고, 창의력과 지구력이 대단했다. 두 단체 무용수들 모두 개개인의 장단점이 있었다.

처음에는 무용수의 기량을 파악하는데 신경을 썼다. 움직임이 선명한 김병화, 끊임없이 웃고 질문하는 재스민, 부드러움을 겸비한 신주진, 호흡과 힘이 좋은 리스, 큰 키에 문어 같은 팔다리를 가진 존, 개성이 강하고 날카로운 유승관, 가장 동양적 색체를 가진 알렉스, 움직임이 크고 강한 박민영 등 다양한 무용수와 함께 하는 작업은 즐거웠다.

아일랜드 무용단과 협업한 작품의 제목은 〈지붕 아래 Under the Roof〉였다. 더불어 사는 일의 불편함을 견딤으로써 나 혼자는 못 하는 것들을 가능하게 만드는 '이타성'이 작품의 초점이었다. 멋진 연습실, 프로 무용수들, 음악가들 등 작품을 만들기에는 최적의 조건에서 작업했다. 다들 흐뭇했고 연습은 양 국가에서 차분히 진행되었다.

9월, 한국의 국제공연예술제에서 두 작품이 초연을 했고 이후 지방 공연을 마쳤다. 그 뒤 모두가 아일랜드로 가서 한 달간 공연을 했다. 아일랜드 극장들은 15~30유로 정도의 입장료를 받았다. 대부분의 극장은 DTI가 정기 공연을 하는 곳이었고, 관객들은 무용단에 익숙했다. 한국과의 공동 작업이기에 공연에 대한 관심은 평소보다 높았다.

아일랜드는 공연 문화가 확고하게 자리 잡은 나라다. 연극 공연도 오랜 역사를 가졌지만, 아일랜드 음악은 세계적으로 명성이 높기에 작은 도시나 조그만 마을에도 극장이 있으며 관객층도 두껍다. 극장에는 공연뿐 아니라 지역 주민들이

아일랜드 더블린에서

참여할 수 있는 프로그램도 많았다. 아이들을 위한 문화 체험 프로그램도 많고, 싸고 품격 있는 극장 레스토랑을 찾는 사람들도 많아서 극장은 낮에도 사람들로 붐볐다. 클레어 마을의 '언 글로어'라는 극장에서 공연을 했다. 지역의 문화 발전을 위해 주민들이 만든 한 단체가 공연에 필요한 모든 비용을 부담했다. 도시마다 마을마다 서로 다른 상황에서 공연은 막을 올렸고 관객들도 진지하게 관람했다.

약간 싸늘한 늦가을에 아일랜드의 소도시를 여행하면서 공연하는 즐거움은 최고였다. 늦은 밤 공연을 마친 뒤 펍에서 기네스 맥주를 마시기도 하고, 작은 마을 주민들이 차린 음식을 먹기도 하면서 공연 여행을 했다. 한 달간의 투어 일정을 끝내고 한국으로 돌아오면서 나는 길고 긴 호흡을 했다. 일 년의 절반을 투자했던 공연 일정, 한국과 아일랜드에서 멋진 성과를 올렸던 좋은 프로젝트였다. 이 멋진 추억은 아마도 평생 동안 내 가슴 속에 남아 가끔 울컥울컥 올라올 것이다.

국가 간 협동 작업은 많아지는 추세다. 만일 나우무용단이 단독 공연으로 아일랜드에 갔다면 그런 다양한 공연장을 찾기 어려웠을 것이다. 아일랜드의 무용단이 단독으로 한국에 왔다면 또 어찌 그 많은 극장을 섭외했겠는가? 두 나라와 단체가 서로 윈윈win-win하는 국가 간 프로젝트는 단체뿐 아니라 무용수들의 국제적 감각을 키우는 데도 큰 도움이 되었다.

춤추고
부대끼며

    한겨울에 부에노스아이레스로 떠났다. 2009년 1월이었다. 아르헨티나의 컨템포러리 무용단 라 콤파니아와 내가 이끄는 나우무용단의 공동작업 때문이었다. 라 콤파니아와의 공동작업 이야기는 2008년 아일랜드 무용단의 소개로 6월부터 시작했다. 육 개월 동안 이메일을 주고받았으나 스페인어밖에 할 줄 모르는 라 콤파니아의 안무가 마리아나와의 소통은 쉽지 않았다. 유럽을 거쳐 30시간을 날아서 부에노스아이레스로 갔다. 공항을 빠져나와 처음 맞닥뜨린 것은 1월의 열대 기후와 먼지로 가득한 공기였다. 시내로 가는 길에는 천막으로 하늘을 살짝 가리기만 한 집들이 보였다. 시내에서는 마치 유럽을 방문한 것 같은 기분이 들 정도로 오래된 건물과 레스토랑 간판들을 쉽게 발견할 수 있었다.

마리아나 벨라토는 소탈하고 멋진 여자였다. 춤에 대한 그녀의 열정은, 피를 토하듯 그녀가 끊임없이 쏟아내는 열변으로도 충분히 알 수 있었다. 그녀는 작품에 대한 생각, 의견, 구상 등을 수시로 이야기했다. 아르헨티나는 정치력과 파벌로 기금 후원이 결정되기에 창작 작업하기가 쉽지 않고, 춤 공연에 관한 예산은 거의 없다고 한다. 마리아나는 정치의 주변부에 있기에 외로운 독립안무가였지만 그녀의 공연에는 관객들이 빼곡하게 객석을 메운다고 했다.

마리아나는 정부로부터 보조를 받지 못했지만, 한국과의 공동 작업을 위해 방 두 개짜리 조그만 아파트와 식비를 준비해주었다. 그녀의 배려는 아르헨티나의 경제 사정을 고려할 때 쉽지 않은 일이었다. 그러나 그런 배려가 자신의 몫이라 여기고 우리에게 최대한 편의를 제공하려는, 인간적인 따스함이 느껴졌다.

두 나라 무용단의 공동작업은 모두 다섯 명의 무용수들이 출연하는 40분 길이의 작품을 함께 안무하는 것이었다. 처음 이틀은 마리아나가 워크숍을 주도했다. 그녀는 즉흥 연습을 통해 두 무용단 무용수들의 호흡을 조율했다. 그 시간은 의미 있었다. 이틀 동안 마리아나가 이런저런 실험을 했고, 이어 이틀간은 내가 그들과 작업을 했다. 나는 텍스트를 쓰고 움직임을 창안하고 발전시키고 조합하는 형태로 워크숍을 이끌어 갔고, 자유분방한 마리아나는 즉흥 연습을 통해 많은 아이디어를 쏟아냈다. 사람과 사람이 더불어 일을 하면 당연히 생기는 의견대립이 몇 차례 있었다.

부에노스아이레스 연습실에서

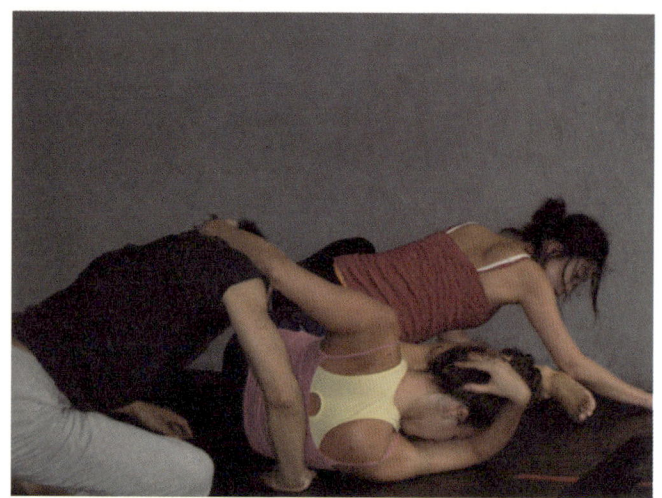

부에노스아이레스 연습실에서

그녀는 정리된 작품을 싫어했고, 나는 정리되지 않은 것을 싫어했다. 둘 다 움직임이 아닌 제스처를 움직임으로 차용하길 좋아해서 그렇게 하기로 의견을 모았다. 전체적인 구성은 동의를 했지만 동의할 수 없는 작은 것들은 한 사람의 취향을 따라가거나, 아니면 피 터지게 싸워서 합의해야 했는데 공연이 코앞에 있으니 그것마저 여의치 않았다. 대화를 하려면 스페인어를 영어로 통역해야 했고 영어는 스페인어로 다시 통역해야 했다. 소통에 많은 시간이 필요했기에 소소한 것에 대해서는 말을 아꼈다.

처음에 마리아나는 상당히 강해 보였으나 시간이 갈수록 의외로 마음이 여리다는 사실을 알게 되었다. 성격이 급하고 표현이 솔직한 그녀는 말을 아끼던 내가 가끔 강한 주장을 하면 "아, 꼬레아, 꼬레아" 하면서 넌더리를 쳤다. 그것은 한국인에 대해 그녀가 가지고 있는 어떤 고정 관념인 듯했다. 아르헨티나에 거주하는 한국인들에 대한 이미지가 강한 것인지도 모르겠다. 연습이 끝나면 우리는 오랜 시간 대화를 했다. 나는 말을 아끼는 게 배려라고 여겼지만 그녀는 내 침묵을 불편하다고 느꼈다. 그녀는 말을 아끼지 않고 처음부터 사사건건 시비를 가리는 것을 더 선호했다. 아르헨티나에서 침묵은 수다보다 더 무서운 것이다. 우리는 의견 일치를 보았다. 서로 다른 의견에 대해서는 시간이 오래 걸릴지언정 대화를 해서 서로의 예술적 견해를 좁혀가기로 했다.

한 작품을 공동으로 만드는 것임에도 불구하고 사전에 주제에 대한 대화를 많이 하지 못한 탓에 의견 조율이 쉽지 않았다. 제목을 결정하는 일에도 꽤 오랜 시간이 소요되었다. 고민 끝에 마리아나가 제안한 〈So far~, So close~〉를 택했다.

30시간을 비행해서 겨우 찾은 이곳, 부에노스아이레스. 계절마저 한국과 반대인 나라. 이렇듯 먼 곳이지만 우리는 다 같은 '사람'이라는 데 이 작품의 초점이 있었다. 언어 소통이 안 되어도 같이 춤추고 부대끼고 친해지면, 거리가 먼 곳에서 살아왔어도 가까운 친구라는 의미의 제목이었다. 주제와 제목을 정하자 연습에 속도가 붙었다.

아르헨티나 무용단과의 작업은 자유분방하고 변화무쌍했다. 기분에 따라 연습 시간도 바뀌고, 무언가를 부탁하면 흔쾌히 대답은 하지만, 대답대로 실천하지 않는 일도 많았다. 구두로 한 약속은 지켜지지 않을 수도 있었다. 철저하지 않다는 뜻이기도 하지만 창작 작업에 열려 있다는 의미이기도 했다. 작품이 완전히 완성되지 않았지만, 우리는 워크 프로세스 공연을 하기로 했다.

공연 장소인 보르게스 문화센터는 실험적인 작품만 올리는 곳으로 유명한 창고 극장이다. 그 창고 극장은 번화가에 자리한 커다란 쇼핑센터의 2층에 있었으며, 극장 이름이 바로 쇼핑센터의 이름이었다. 최고급 상품과 문화를 접목한 마케팅이었지만 상업적이지는 않았다. 1층에서는 고가의 물건을 팔았고 2층에는 무료로 볼 수 있는 수많은 갤러리와 여유로운 쉼터가 많았다.

워크 프로세스 공연이었고 관람료까지 받는데도, 관객들은 한 시간 전부터 줄을 섰다. 할머니 두 분은 아예 일찌감치 공연 장소에 들어와서 앉아 있었다. 마리아나는 그들을 밖으로 내보냈다. 장소는 협소한데, 사람들은 계속 줄을 섰다. 마리아나는 공연 시간이 가까워졌는데도 사람들을 공연장에 못 들어오게 했다. 그녀는 자기 친구들인 타 분야의 예술가들을 좋은 자리에 먼저 앉혔다. 예술가로 살아남기 어려운 아르헨티나에서는 예술가들끼리 서로 돕는 경우가 많다고 한다. 음악, 비디오 촬영, 사진 등은 거의 친구들이 무보수로 해준다고 하니, 그녀에게 친구들은 창작 작업을 위한 든든한 지원군인 셈이다.

관객들이 공연장으로 들어오자 마리아나는 앉아도 되는 장소와 안 되는 장소들을 정해주고 바닥에도 사람들을 빼곡하게 앉혔다. 도저히 빈틈이 없을 정도로 자리가 차자 문을 닫았다. 들어오지 못한 사람들은 서운한 표정으로 돌아갔다. 공연은 성공적이었고, 관객들은 자리를 떠나지 않았다. 마리아나가 정부의 지원금을 받는 안무가는 아니지만, 공연을 통해 그녀의 존재를 알리고자 하는 그녀만의 고집스러움이 있기에 그녀의 공연이 관객의 마음을 끄는 것이 아닌가 싶다.

우리는 공연을 무사히 마치고 2월 중순에 한국으로 돌아왔다. 추위는 한풀 꺾여 있었고 겨울이 지나고 있었다. 부에노스아이레스에서 보낸 1월 한 달간의 여름은 평생 잊지 못할 기억으로 남았다.

작품 〈Being 신데렐라〉를 끝내고

〈Being 신데렐라〉가 끝났다. 공연이 끝난 다음에 찾아오는 공허감은 비록 그 정도가 예전보다 약해지기는 했지만 여전하다. 작품 〈Being 신데렐라〉는 백마 탄 왕자를 희구하는 여자들의 이야기다. 이 작품은 신데렐라라는 동화를 차용하기는 했지만, 자본과 인간의 문제를 다루고 있다. 신화나 동화는 춤 작품의 주제로 삼기 좋다. 이야기 구조가 단순하고 누구나 아는 내용이기에 굳이 말로 설명하지 않아도 이해할 수 있다. 이번 작품에서 신데렐라의 유리 구두는 '빨간 구두'로 둔갑했다.

빨간색은 자극적이고 끈적거린다. 이 작품에서 빨간 구두는 욕망과 자본을 의미한다. 인간은 진열장 안의 빨간 구두를 탐하지만, 실은 빨간 구두 자체를 탐하는 것이 아니라 빨간 구두를 신음으로써 신데렐라처럼 신분 상승하기를 바라는 것이다.

〈Being 신데렐라〉 (2010)

〈Being 신데렐라〉 (2010)

여자들이 높은 구두를 신는 것은 남이 볼 때다. 남이 보지 않을 때, 여자들은 구두를 벗고 종아리를 문지른다. 굽이 높은 구두는 인간을 땅에서 멀어지게 한다. 땅과 거리를 두면 여자들은 경직된다. 높은 구두는 여자들을 경직된 바비 인형처럼 만들어 자유로움을 억압한다. 그런데도 여자들은 높은 빨간 구두를 원한다.

　작품 〈Being 신데렐라〉에서는 우리가 모두 신데렐라다. 우리는 일그러진 신데렐라다. 한쪽 구두를 신은 신데렐라는 나머지 구두 한 짝을 찾기 위해 불안한 몸짓으로 온몸을 비튼다. 부족한 나머지 한 짝을 찾기 위해 고군분투하는 신데렐라의 모습은 바로 우리의 자화상이다. 욕망과 결핍을 채우지 못한 인간의 분노는, 자기와 전혀 다를 바가 없는 한 작고 연약한 여자를 집단적으로 음해한다. 원시시대 이래로 희생양은 늘 여자였으며 약자였다.

신데렐라를 통해 인간 욕망에 관해 이야기하는 작품 〈Being 신데렐라〉에는 백마 탄 왕자도 계모와 그 딸도 등장하지 않는다. 이 작품은 이야기를 쫓아가기보다 구두를 통해 신데렐라를 들여다보며 영원히 반복되는 환상을 조명한다. 구두 자체가 중요한 것이 아니라 구두를 통해 신분 상승하는 것. 그것은 공주가 되고자 하는 인간의 염원이며 그가 꿈꾸는 유토피아다. 유토피아에 대한 꿈은 매일의 지루한 일상과 기계적인 삶의 숨 막힘을 버티게 하는 마약과 같은 힘이기도 하다.

작품을 끝내고 한동안 멍하게 시간을 보냈다. 작품을 만들 때는 그 속에 빠져 있어서 작품이 어떤지 감이 오지 않는다. 그러다 첫날 공연이 끝나고 분위기를 보면 대충 작품이 관객 마음에 드는지 알 수 있다. 공연이 끝나면 관객 반응과 상관없이 아쉬움과 더불어 작품에 대한 만족도가 내 나름대로 정해진다. 어떤 작품은 다시 보고싶지 않을 정도로 싫을 때도 있다. 그런 공연은 이삼 년 뒤에야 작품 영상을 보기도 한다. 반대로 어떤 작품은 끝나자마자 바로 영상을 살펴보기도 한다. 그만큼 마음에 드는 작품이라는 의미다.

〈Being 신데렐라〉 (2010)

작품을 만들 때마다 펑펑 울었다. 작품이 생각처럼 잘 안 되어 울고 무용수를 못 구해서 울기도 한다. 〈Being 신데렐라〉는 울지 않고 만들었다. 연습실도 있었고, 매일 출근하는 무용수들도 있었고, 작품 만드는 노하우도 어느 정도 있었다. 가장 좋은 조건에서 만든 작품이다. 뒤돌아보면 내 인생의 황금기였던 게 아닌가 싶다.

남미와 유럽 공연 투어

　여행 가방을 쌀 때마다 얼굴에 화색이 돈다. 비행기 안에서 보낸 시간이 만만치 않게 길었음에도, 난다는 것은 늘 가슴을 벅차게 한다. 20여 년 전 국립무용단에 입단해서 처음 비행기를 탈 때부터 지금까지 27년 남짓 비행을 했다. 가장 많이 비행한 시기는 2008년부터 2011년까지다. 남미를 세 차례나 오갔고 유럽으로는 수없이 많이 날았다. 그중 가장 행복했던 비행은 공연 투어였다. 2008년 10월에는 미국 네 개 도시 공연 투어가 있었고, 2008년 11월과 12월에는 아일랜드 열 개 도시 공연 투어를 했다. 2009년 2월에는 아르헨티나에서 공연했고, 11월에 다시 멕시코, 베네수엘라 등 남미 세 개 국가 투어를 했다. 가장 기억에 남는 투어는 2010~2011년에 했던 유럽 투어와 남미 투어다. 두 프로젝트는 유럽과 남미 현지 극장에서 직접 내 작품을 선정했기에 더 의미 있었다.

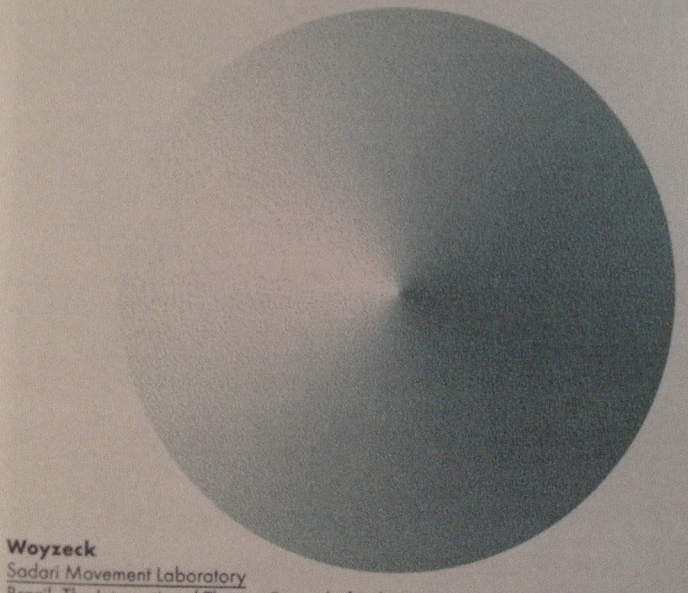

CENTER STAGE KOREA
in Latin America 2010

Woyzeck
Sadari Movement Laboratory
Brazil, The International Theater Festival of Belo Horizonte, Aug 13-15
Colombia, Teatro Nacional La Castellana, Aug. 19-22

Let Me Change Your Name
Ahn Eun-Me Dance Company
Colombia, Teatro Nacional La Castellana, Aug. 26-29

3nights 3days
Now Dance Company
Colombia, Teatro Nacional La Castellana, Sept. 2-5
Colombia, Teatro Universitario Camilo Torres, Sept. 7

〈삼일 밤 삼일 낮〉 콜롬비아 투어 프로그램

2010년은 행운의 해였다. 그 행운은 작품 〈삼일 밤 삼일 낮〉이 가져다주었다. 한국무용계에서는 처음으로 대대적인 유럽 공연 투어가 있었다. 한국 정부가 무용 단체들의 항공료와 출연료를 지원하고 유럽의 극장들이 홍보와 현지 숙식을 제공하는 "Korea-A-Movers" 프로젝트였다. 무용 단체들은 릴레이로 유럽을 순회하며 한 달간 독일, 영국, 아일랜드, 스페인, 포르투갈, 스웨덴, 네덜란드, 핀란드, 에스토니아의 여러 도시에서 공연했다. 한국의 현대무용을 대대적으로 접할 수 있는 첫 공연 투어였기에 유럽의 극장들은 마케팅에 신경을 많이 썼다. LDP(Laboratory Dance Project) 무용단과 전미숙, 나우무용단과 안성수, 젊은 안무가들, 불교무용인 영산재까지 하여 네 개의 작품이 공연되었다. 각 나라의 서로 다른 극장에서 네 개의 공연물을 선택했고 나우무용단은 안성수의 'Pick up' 그룹과 한팀이 되어 네 개 나라 여섯 개 도시에서 공연했다. 현대 발레에 가까운 안성수의 작품과 나의 한국적인 현대무용은 유럽인들의 호기심을 사기에 충분했다.

무용 공연으로 가장 유명한 극장들에서 유럽의 무용 애호가들을 위해 이루어진 공연 투어는 나우무용단으로서는 가장 기억에 남는, 내 인생 최고로 성공적인 공연이었다. 한국무용단이 대거 유럽에 왔으니 유럽인들의 관심도 상당했다. 극장은 무용단에게 최고의 대우를 해주었다. 극장을 매웠던 수많은 유럽의 무용 애호가들은 한국의 현대무용이 궁금해서 온 사람들이 대부분이었다. "Korea-A-Movers"는 한국 현대무용의 존재감을 알린 것만으로도 의미 있었던 프로젝트였다. 이후 이 프로젝트는 2년 후에 다시 진행되었고 2016년에 다시 진행될 예정이다.

2011년에는 남미 정부와 한국공연예술센터의 주최로 유럽과 비슷하게 남미에서도 투어가 있었다. 이 프로젝트는 무용뿐 아니라 연극 단체까지 같이 공모해서 뽑았기에 그 경쟁이 치열했다. 세 개 단체가 선정되었는데 사다리 움직임 연구소, 안은미무용단, 나우무용단이 선택되었다. 작품은 유럽 투어를 한 〈삼일 밤 삼일 낮〉이었다. 너무 경쟁이 치열하여 거의 포기하고 있었는데 우리가 선정되자 그 기쁨은 말로 다 할 수가 없었다. 한 개 나라 두 개 도시에서 이루어진 작은 공연이었지만, 서른세 개의 단체가 지원한 공모에서 당당히 선택되었기에 투어의 기쁨만큼 작품이 인정받았다는 그 자체만으로도 신났다. 두 정부가 지원하는 공연이었기에 홍보와 대우도 최상급이었다.

역사는 시간이 지나야만 남게 되는 흔적이다. 그 당시에는 한참 공연 투어를 다니고 있어서 이 시간이 얼마나 중요한지 잘 몰랐다. 시간이 지나 지난날을 뒤돌아보니 그때가 내 인생 최고의 시절이었다는 생각이 든다. 요새는 공연 때문에 비행하지 않는다. 주로 혼자 여행을 하느라 비행기를 탄다. 언제 또 다시 공연 투어를 하게 될지 잘 모르겠다. 가능하면 세계 여러 곳에서 안무를 할 기회가 있으면 좋겠다. 가끔 사진을 보고 추억을 되살리며 그 시절을 떠올린다.

한국의 장례 문화를
춤으로 풀다,
〈삼일 밤 삼일 낮〉

작품 〈삼일 밤 삼일 낮〉은 해외 공연을 가장 많이 한 작품이다. 〈삼일 밤 삼일 낮〉은 산 자와 죽은 자, 그리고 그 사이를 배회하는 사람들에 관한 내용이다. 이 작품은 삶과 죽음이 그리 특별한 일이 아닌, 자연의 순리라는 단순한 주제로 만들었다. 그러나 그 속에는 심오한 의미가 있는 작품이다. 작품의 내용은 이렇다. "삶은 선택이 아니고 우연이다. 나의 의지와는 별개로 이 세상에 어느 날, 어느 시점에 느닷없이 태어났다가 예고도 없이, 길을 걷다 또는 잠을 자다가 저세상으로 떠나게 된다. 애통하고 원통한 일이지만, 운명은 이미 결정되었고, 우리는 운명을 감내하고 받아들이는 방법 외에는 뾰족한 수가 없다. 생명이 스러진 뒤 사흘 동안, 산 자는 죽은 자의 주위를 지키면서 죽은 자가 내세로 잘 갈 수 있도록 불을 훤히 밝혀 그를 달랜다. 저승 가는 길이 너무

〈삼일 밤 삼일 낮〉 (2009)

쓸쓸하지 않도록, 산 자는 왁자하게 긴 밤을 지키면서 술로 상실의 아픔을 달래고 놀이로 잠을 쫓으며 죽은 자의 흔적을 어루만진다. 죽은 자는 떠나고, 산 자도 그 뒤를 따르고, 남은 자는 삶에 순응하면서 아픔을 내면화한다."

〈삼일 밤 삼일 낮〉의 무대는 죽은 이의 웃옷을 세 번 흔들고 이름을 세 번 부르면서 시작한다. 무대 한 부분에만 불이 켜지고 그곳에서 여러 명이 옹기종기 춤을 춘다. 엎어지고, 넘어지고, 일어나고, 서로 부딪치고, 건너뛰거나 마주 보거나 돌아서면서. 마치 세상사를 보듯이 좁은 공간에서 지지고 볶다가 어느 한 사람이 운다. 어느 이름 모를 자의 죽음이다. 이어서 꽃이 보인다. 불가(佛家)는 서방정토에 꽃들이 만발하다고 말한다. 꽃은 죽음을 화려하게 만든다. 슬픔과 통곡의 춤이 이어지고 곡소리도 들린다. 거기에 감정적 깊이를 바탕으로, 중성적 움직임을 살짝 덧입혀서 무거움을 가볍게 느끼도록 안무했다. 사흘간 산 자들은 죽은 자를 위로하기 위해서 다양한 놀이로 긴 밤의 불을 밝히고 술을 마신다. 죽은 자의 삶을 조명하거나 화투판을 벌여 잠을 쫓기도 하면서 사흘간 장례를 치른다. 마지막은 삶과 죽음의 우연성과 삼라만상의 순환을 의미하듯 유유히 흘러가는 삶의 여정을 배 위에 실어본다. 누구나 가야 할 곳, 그곳으로 한 사람씩 사라진다.

〈삼일 밤 삼일 낮〉 (2009)

〈삼일 밤 삼일 낮〉 (2009)

상여 소리와 함께 긴 여운이 무대를 아련하게 만든다. 배 모양의 상여 모자들이 무대 중앙에 남아서 무대를 지키며 공연은 끝난다.

〈삼일 밤 삼일 낮〉을 만들 때, 이 작품이 크게 성공할 줄은 몰랐다. 다른 작품들에 비해 제작 기간도 짧았고 고민도 많이 하지 않았다. 주로 단원들과 즉흥 연습을 하는 과정에서 쉽게 작품이 탄생했다. 어린 시절 보고 느꼈던 장면들이 파노라마처럼 펼쳐지는데, 그 파노라마를 무대화하는 것이 생각만큼 쉽지는 않았다. 특히, 장례식 때 뒷방에서 화투 치는 손님들을 희화화한 장면은 여러 번 수정했다. 그 장면을 미학적으로 끌고 갈지, 웃음으로 치환할지 어정쩡한 상태에서 결정을 못 내리다 결국 보여주기 정도에서 타협할 수밖에 없었다. 이 부분은 수정에 수정을 거듭하여 만들었지만, 공연을 다시 한다면 좀 더 수정하고 싶다.

〈삼일 밤 삼일 낮〉은 처음부터 해외 관객을 염두에 두고 만들었다. 그리고 해외 관객에게 반응을 얻을 거라는 예상은 적중했다. 작품은 국립극장페스티벌에 초대되어 공연한 뒤, 남미 5개국 투어와 유럽 6개국 투어를 했다. 유럽과 남미 투어 때는 투어한 나라에서 작품 선정을 했기에 그 의미가 남달랐다.

나는 우리에게는 일상적인 전통적 소재가, 외국인에게는 특이하게 보인다는 것을 외국에서 유학하며 이미 파악했다. 그러나 모든 한국적인 것이 다 그들의 마음을 움직이지는 않는다. 전통적인 소재를 어떻게 현대화 하느냐가 관건이다. 주제나 소재만을 전통에서 가져오고 움직임이나 구성은 현대적으로 푼다면 외국 관객들은 환호하지 않는다. 한국적 소재를 감정적으로 치환하여 움직임으로 풀어내는 작품이나, 잔잔하게 가슴에 남는 은은한 끌림이 있는 작품이 외국 관객의 마음을 움직이는 듯했다. 특히, 〈삼일 밤 삼일 낮〉에서는 한국만이 가지고 있는 독특한 장례 의식을 춤으로 만든 부분과 마지막에 상어 소리에 맞춰 한 사람씩 사라지면서 덧배기 춤에 가까운 즉흥 춤을 추는 부분이 외국 관객들에게 감명을 주었던 것 같다. 한국의 장례 문화는 무척 독특하다. 춤으로 풀어낸 장례 의식이 외국인들의 호기심을 자아냈다. 세계 투어를 한 〈삼일 밤 삼일 낮〉은 나의 대표작이며 내가 가장 아끼는 작품이다. 다시 기회가 주어져서 이 작품으로 외국 공연을 더 할 수 있으면 좋겠다.

〈삼일 밤 삼일 낮〉 (2009)

나의 삶

무용의 이해

나의 직업

관계와 감동

춤의 저변에 대해서

발레 공연이
처음이라면

 발레 공연은 세계 곳곳에서 매일 볼 수 있다. 관객들은 멋지게 차려입고 환하게 웃으며 공연장을 찾는다. 극장은 사교와 만남의 장이다. 에너지는 넘실거리고 로비는 소란스럽다. 공연은 생각이나 상상으로 즐길 수 있는 예술이 아니다. 공연장에 가야 하고 객석에 앉아야 한다. 공연 중에서도 발레는 가족이 함께 볼 수 있는 공연이라 정겹다. 발레를 처음 감상하는 관객들도 많다.

 발레 공연이 처음이라면 고전 발레부터 보길 바란다. 고전 발레는 스토리가 있다. 스토리를 알면 공연에 몰입하기 쉽다. 춤 공연은 말을 하지 않기 때문에 감각적인 이해가 필요하다. 그러나 감각적인 이해는 예술 감상에 능숙하지 않으면 어렵다. 글로 읽었던 내용이 무대에서 현실로 드러날 때 느끼는 신기함, 그것이 고전 발레의 매력이다.

예를 들어 〈호두까기 인형〉에서 '중국의 춤'이나 '갈잎 피리의 춤'은 글로 표현하기 어렵다.

한 번 본 작품이라면 다른 무용단의 작품도 보기를 바란다. 무용단에 따라 스토리 해석이 제각각이다. 해석을 비교해가며 보면 재미는 더 쏠쏠하다. 발레 공연에 익숙해지면 무용수들의 테크닉과 표현이 눈에 들어온다. 고전 발레에서 중요하게 여기는 테크닉은 여러 가지다. 발레리나(여자 무용수)는 다리를 얼마나 높이 들어 올릴 수 있는지, 새털처럼 가볍게 양다리를 벌려 뛸 수 있는지, 얼마나 정확하게 여러 번 돌 수 있는지, 발걸음을 작게, 빨리 그리고 가볍게 할 수 있는지 등이다. 발레리노(남자 무용수)는 강하게 높이 뛸 수 있는지, 정확한 자세를 유지하며 돌 수 있는지, 높은 곳에서 양다리를 교차하여 잘 착지할 수 있는지, 빠르게 회전하면서 앞으로 멀리 갈 수 있는지 등이다. 발레리나는 가벼움과 부드러움이 있어야 하고 발레리노는 스피드와 에너지가 필요하다.

표현의 경우, 당연히 촉촉하게 스미는 감성과 열정이 있어야 하고 강렬한 부분을 잘 소화해야 한다. 감성은 드라마에 익숙한 한국인의 경우 금방 느낄 수 있다. 고전 발레의 백미는 주인공의 솔로나 듀엣이다. 두 사람의 호흡이 잘 맞고 발레리노가 발레리나를 들어 올릴 때 무리가 없으며 감성이 맞닿아 있다면 그 날의 공연은 성공이다. 가끔 호흡이 맞지 않아 삐걱거리기 시작하면 감정 몰입이 어렵다. 그런 날은 연습을 많이 한 작품도 어긋난다.

고전 발레를 몇 편 보았다면, 현대무용과 접목된 현대 발레를 경험해본다. 현대 발레의 인기는 세계 공연 시장을 뜨겁게 달구고 있다. 매년 새로운 작품들이 쏟아진다. 고전 발레는 주로 전체 구성과 스토리에 집중하기 때문에 춤의 창의력이나 무용수의 기량을 정확히 파악하기 어렵다. 현대 발레는 스토리보다 표현 그 자체가 중요하다. 조형에 대한 감각과 안무의 힘이 현대 발레를 더 빛낸다. 파우스트와 같이 어려운 스토리를 주제로 현대 발레를 만들기도 한다. 대부분은 스토리의 나열보다 시각적 아름다움과 이미지 전달에 더 신경을 쓴다.

현대 발레에서는 높이 뛰거나 다리를 얼마나 넓게 벌리는지가 관건이 아니다. 양팔과 다리, 머리와 몸통이 얼마나 섬세하고 조화롭게 움직이는 지가 핵심이다. 인간이 도무지 표현할 수 없을 것 같은 다양한 형태의 움직임이 무대에서 펼쳐진다. 그뿐만 아니라 무대 디자인이나 의상도 볼거리다. 듀엣의 경우는 더 화려하다. 두 몸이 만들어내는 절묘한 조각들이 무대를 화려하게 장식한다. 현대 발레는 빨리 움직인다. 움직임을 보려는 순간 사라진다. 군무 또한 단순하게 나열된 구성을 벗어나 화려하고 복잡하기에 관람이 쉽지 않다. 고전 발레로 춤에 접근해서 현대 발레를 감상하면 더욱 재미있게 즐길 수 있다.

현대무용
재미있게 감상하기

 현대무용은 어렵다. 관객들의 말이다. 과연 그럴까? 한국의 경제 수준만큼 문화 수준도 급격히 발전하고 있다. 추상화는 갤러리 곳곳에 걸려 있고 텔레비전에서는 이미지 광고가 많이 나온다. 어떤 사람들은 추상화는 보러 다니지만, 현대무용은 보기 어렵다고 한다. 한편 LG 아트센터에서 하는 유명한 외국 현대무용단의 공연은 매진이다. 현대무용에 관심이 있는 사람은 많다는 의미다. 사실 이런 현상은 최근에야 일어난 변화다.

 춤은 추상화만큼이나 의미심장하다. 어렵다는 말이다. 말이 없기에 춤을 곧바로 이해하기는 어렵다. 사람들은 기호에 가까운 몸짓을 하는 현대무용이 무엇을 말하려고 하는지 모르겠다고 말한다. 그러나 외국 단체의 공연에 관객이 모이는 것은 현대무용을 이해하는, 혹은 알고 싶어 하는 관객이 있다는 말이다. 이미지를 읽고 의미심장한 공연을 보려는 관객이 많아지고 있다. 요즘 국립현대무용단의 공연에는 일반 관객들이 기웃거린다. 현대무용 공연을 본 경험이 없던 관객들이 외국 단체의 공연을 보거나, 국립현대무용단의 공연을 보면서 현대무용에 대한 관심을 드러낸다. 오래지 않아 독립안무가의 공연에도 관객들이 기웃거리지 않을까 기대가 된다.

현대무용 안무는 다양하다. '다름'을 추구하는 것이 현대무용이다. 어떻게 남과 다르게 작품을 만들지 고민하기에 작품마다 안무의 스타일도 다르고 방법도 다르다. 현대 예술을 조금 이해하는 관객이라면 작품에서 뭔가를 찾으려고 머리를 굴린다. 관객은 안무가의 의도를 알아내려고 전전긍긍한다. 현대무용 공연을 처음 접하는 사람이라면 안무가의 의도와 몸짓의 의미에 집중하기보다 무대에서 벌어지는 상황을 있는 그대로 보기를 바란다. "저건 뭘 의미하지? 또 이건 왜 이러지?"라고 매번 의문을 가지면서 보면, 무대에서 일어나는 상황 자체를 즐기기 어렵기 때문이다. 몸의 움직임이 어떻게 이루어지는지 디자인의 관점에서 있는 그대로 보고 즐겨라. 공연을 관람할 때 가장 중요한 건 재미다. 재미있어야 다음에 다시 갈 수 있다.

〈Being 신데렐라〉 (2010)

맨발로 달릴 수 있다
그저 용기가 필요하다

〈아바타 처용 I〉 (2003)

현대무용은 움직임 위주의 공연도 있고, 콘셉트에 집착하여 의미를 추구하는 공연도 있으며 무대 구성이나 디자인의 관점에서 작품을 짜기도 한다. 현대무용을 보는데 특별한 방법은 없다. 작품마다 안무가마다 특성이 있으니 안무가의 성향을 보면서 작품 선택을 하면 실패할 확률이 줄어든다. 안무가가 작품을 만들 때 콘셉트에 집중하면 작품은 진중해진다. 주제를 드러내기 위해 무언의 기호들을 통해 기의를 생산하고자 한다. 무대 구성이나 디자인에 능한 안무가는 독특한 움직임이나 군무의 구성, 또는 의상이나 무대 장치에 신경을 많이 쓴다. 웃기는 작품을 잘 만드는 안무가도 있다.

한국의 현대무용은 디자인이나 구성 또는 움직임에 능한 편이다. 콘셉트나 개념 작업은 한국 안무가들이 그리 선호하지 않는다. 근래에는 재미있는 춤을 만들려는 안무가들도 많다. 그러나 춤을 재미있게 만들기는 쉽지 않다.

현대무용은 사진을 보듯이 감상하면 좋다. 사진을 보면 어떤 분위기나 느낌이 있다. '왜?'라는 의문에 대해 답하기

⟨페미타지 I⟩ (2002)

'참을 수 없음'에 대한 몸짓들은 다양하다
몸을 조금 더 구부렸을 때와 덜 구부렸을 때
그 사이에는 미세하게 다른 감정이 존재한다
몸은 참 신기하다
말보다 더 정확하게 감정을 표현한다

전에 이미 사진의 분위기가 보는 이의 마음을 자극할 때가 있다. 그냥 보아도 좋다는 말이다. 그냥 보아도 좋은 작품이 가장 호소력 있다. 관객이 왜 사진이 좋은 건지 분석하기 시작한다면 이미 창작자의 관점에서 작품을 보는 것이다.

현대무용은 현대 예술과 맥을 같이하고 있다. 작가의 의도를 그대로 이해할 필요는 없다. 작품에 대해 의문이 생기면 스스로 답을 찾으면 된다. 일종의 열린 텍스트다. 안무가의 의도가 A라 할지라도 관람자가 B라고 생각한다면 관람자는 자기 생각으로 새로운 작품을 만든 것이다. 생각의 힘이다. 만약 안무가가 관객의 생각을 듣는다면 굉장히 재미있어 하리라.

한국의 무용수들은 세계 무대를 누비지만 작품은 아직 세계 무대에서 성공하지 못했다. 그만큼 유능한 안무가가 많지 않다는 의미이다. 무용계는 타 예술 분야보다 환경이 열악하다. 춤 공연으로는 돈을 벌기 어렵고 무용가들은 정부 지원에 기대고 있다. 그러나 현대무용을 구경하러 다니는 관객이 생기고 독립안무가들이 공연으로 돈을 벌 수 있다면 한국의 현대무용은 곧 세계 시장에서 당당하게 예술성을 평가받으리라. 그 날을 기대해 본다.

※ 내가 이끄는 나우무용단의 작품은 한국창작무용으로 장르를 분류하는데 현대무용과 한국창작무용은 다르지 않다.

무용수의 감각

　무용수의 몸은 공기의 흐름에 예민하다. 그들은 몸의 각도, 분위기, 공간, 시간, 에너지를 감각하는데 익숙하다. 숱한 연습과 무대 경험의 결과다. 감각은 군무를 추는 과정에서 빠르게 발전한다. 상대의 위치에 따라 나의 자리도 변해야 하기 때문에 무용수의 몸은 극도의 긴장으로 번득인다. 반복 연습은 무용수들 간의 공간에 대한 감각을 키우는데 꼭 필요하다. 시간에 대한 감각도 다양하게 연습한다. 눈을 감고 한쪽에서 다른 쪽 먼까지 이동한 뒤 시간의 경과를 가늠해보기도 한다. 무용수마다 시간에 대한 감각은 다르다. 음악은 이 문제를 해결한다. 음악이 없으면 마음속으로 박자를 세기도 한다. 춤에서 시간은 속도뿐 아니라 에너지와도 관련이 있다.

상도동 나우무용단 연습실에서

시간과 관련하여 에피소드 하나가 생각난다. 선재 아트센터에서 공연이 있었다. 젊은 무용수들과 더불어 군무를 추었다. 나이를 먹으면서 춤을 추고 싶은 욕심이 많았다. 나는 최선을 다했고, 젊은 무용수들보다 춤을 잘 췄다고 생각했기에 땀을 뻘뻘 흘리면서 뿌듯한 얼굴로 무대에서 내려왔다. 공연이 끝나고 뒤풀이에서 친한 친구가 조심스럽게 말을 했다. 가능하면 군무는 하지 말라는 조언이었다. 기분이 나빴다. 뭐가 잘못되었느냐고 물었더니 한 템포 늦게 움직여서 눈에 거슬렸다고 한다. 이처럼 공연자와 관객이 느끼는 시간은 다르다. 음악에 맞춰 춤을 췄는데도 몸이 움직이는 속도는 달랐다. 몸의 무거움은 속도를 어긋나게 했다. 무용수가 박자를 맞춰도 에너지가 낮으면 움직임은 둔해 보인다.

춤에서 에너지는 공간과 시간만큼이나 중요하다. 에너지는 감정과 긴밀하게 연결되어 있다. 분노의 감정은 에너지를 강하게 하고 따뜻한 표현은 에너지를 부드럽고 유연하게 한다. 감정과 관련된 동작은 연습하기가 어렵다. 감정 폭발을 자주하면 지친다. 나는 무용수들과 작업할 때, 공간과 시간을 충분히 연습하고 에너지 조절을 마지막에 한다. 안무가마다 스타일이 다르다. 매번 공연과 똑같이 감정 연습을 하는 안무가도 많다. 감정도 연습이 필요하다고 여기기 때문이다.

〈허정〉 (2002)

토탈 아트센터에서 〈감각〉이라는 작품을 했다. 공연의 내용 중에 지하 동굴에서 인간의 동물적 감각을 느껴보는 장면이 있었다. 웃고, 울고, 악을 쓰면서 인간이 낼 수 있는 다양한 소리를 토했다. 무용수들은 짜여진 움직임에 익숙하기에 감정 표현을 불편하게 생각한다. 연습을 시작했지만 감정 표현 하기가 어려웠다. 연습해본 적이 없기 때문이다. 소리는 빛이 없는 곳에서 더 예민하다. 소리가 작품의 주제인데 연습 없이 공연할 수는 없었다. 연습실 불을 끄고 감정 연습을 시도했다. 웃거나 화내는 연습은 괜찮았다. 우는 연습에서 감정은 폭발했다. 연습실은 눈물바다로 변했다. 감정 연습은 불편하지만 하고 나면 후련하다. 굳어 있는 몸을 훈련시켰을 때와 비슷한 느낌이다. 감정도 연습이 필요하다.

〈대면〉 (2007)

소리를 듣는다
고개를 떨어뜨렸을 때,
나는 나의 소리를 듣는다

공연장에서 감각은 극도로 예민해진다. 안무가와 무용수는 연습실에서 오랜 시간 호흡을 맞추지만, 무대에서는 스태프들과도 호흡을 맞춰야 한다. 무대 공간은 연습실과 다르기에 공간 감각을 다시 익혀야 한다. 연습 때는 생각하지 않았던 빛에 대한 감각도 일깨워야 한다. 빛의 밝기를 감각하지 못하면 조명이 비치지 않는 어둠 속에서 춤을 추기도 한다. 조명과 음악이 동시에 켜져야 하는데 조명만 켜진다면 음악이 나올 때까지 무용수는 우두커니 서 있어야 한다. 공연 때는 무용수들뿐 아니라 스텝과 공연 참여자 모두가 긴장하지 않으면 실수하기 쉽다. 공연 때 감각은 최대치로 긴장한다. 무대 안팎이 살벌하다. 공연이 끝나면 객석의 박수소리 만큼 무대 안에서도 큰 박수를 친다. 안도의 박수다.

몸과 몸이
만나다

 연습실은 긴장으로 살벌하다. 처음 시도하는 동작 때문이다. 음악이 나오고 안무자가 원, 투, 쓰리, 포를 외치자 무용수들이 움직인다. 오른발을 뒤로 차면서 왼쪽 팔을 오른쪽으로 보내는 순간 몸을 바닥에 내동댕이치는 동작이다. 잘 맞지 않는다. 투에 오른발을 차야 하는데 조금 늦거나 빠른 무용수들이 있다. 첫 박자가 어긋나면 몸을 바닥에 내동댕이치는 동작은 당연히 어긋난다. 왼쪽 팔을 오른쪽으로 보내는 각도도 제각각이다. 무용수들은 여러 번 동작을 반복한다. 한 사람이 하듯이 여러 명이 한 동작을 똑같이 하는 훈련은 무용수들에게 가장 간단한 연습이다. 이런 연습은 일상적으로 벌어진다.

 무용수들을 가장 지치게 하는 연습은 농구공을 패스하듯이 몸을 유기적으로 움직이는 군무 연습이다. A무용수가 팔을 왼쪽으로 돌리고 바닥을 쓸어 B무용수의 다리를 잡아야 한다. 그동안 B무용수는 양손을 돌리면서 뛰어와 A무용수가 다리를 잡을 수 있도록 정확한 위치에 서야 한다. 몸과 몸이 부딪치고, 근육들은 세밀하게 움직이며 직선과 곡선의 윤곽을 만든다. 절묘한 순간이다. 타이밍을 놓치면 A무용수는 다음 동작을 할 수 없다. 시간의 차이에서 오는 어긋남이다. 연습은 반복된다. 땀은 소리 없이 흐르고 마룻바닥에 부딪히는

〈Under the Roof〉 (2008)

무용수의 휴식

발소리는 요란하다. 무용수들의 신경은 곤두선다. 타이밍을 놓치지 않으려고 안간힘을 쓴다. 무용수들은 간혹 언성을 높이기도 한다. 누가 타이밍이 안 맞는지 잘못을 따지는 과정이다. 일이 더 커지기 전에 안무가는 휴식을 외친다. 동료 무용수들은 서로 끌어안고 토닥거리며 격려한다. 언성을 높였던 무용수는 웃음으로 화답한다.

무용수들이 휴식을 취하는 동안, 한쪽 구석에서는 누군가 쉼 없이 움직인다. 무용수 한 명이 춤의 순서를 잊지 않으려고 연습하고 있다. 춤의 순서는 연습을 반복하는 과정에서 저절로 익숙해진다. 경력이 짧은 무용수들에게 춤의 순서는 두려움이다. 무대에서 동작을 해야 하는 순간이 다가오면 알던 동작도 잊어버린다. 연습만이 두려움을 없앨 수 있다.

경력이 오래된 프로 무용수에게 춤의 순서는 그리 중요하지 않다. 다른 무용수들이 움직이는 것만 봐도 따라서 할 수 있다. 그들은 움직임의 질감이나 감정의 세밀한 표현에 집중한다. 프로 무용수들 중에 아마추어 무용수가 있으면 문제가 좀 심각해진다. 한 무용수 때문에 유기적으로 움직여야 하는 동작이 거듭 실패한다. 모든 사람이 하나의 유기체처럼 움직이는 군무는 혼자 연습할 수 없다. 무용수 모두가 정확한 타이밍을 맞춰야 하기 때문이다. 군무는 가장 어려운 연습 중 하나다.

연습실에 침묵이 감돈다. 안무가가 무용수들에게 주제를 주고 거기에 맞는 동작 만들기를 시켰다. 주제는 "나는 누구인가?"이다. 주제에 맞는 동작을 만들기 위해서 무용수들이 몸에 집중하고 있다. 한 무용수는 턱에 손을 받치고 있다. 주제를 생각하면서 동작의 이미지를 떠올리는 중이다. 어떤 무용수는 생각한 이미지를 동작으로 만들고 있다. 생각하는 이미지가 몸으로 잘 표현되지 않아 반복 연습을 하는 중이다. 또 다른 무용수는 거울을 보면서 움직임을 확인한다. 만든 동작을 눈으로 확인하면서 정리하고 있다.

　무용수 중에는 동작 만들기에 재주가 없는 이도 있다. 그에게는 몸에 집중하고 동작을 만드는 시간이 고통스럽다. 그는 다른 무용수들이 만드는 동작을 보면서 자괴감에 빠지기도 한다. 움직임을 잘 만드는 무용수라도, 몸의 상태나 연습실 분위기에 따라 잘 안 될 때가 있다. 스트레스가 심해지면 무용수들은 심호흡을 크게 하거나 누워서 휴식을 취한다. 이때 안무가는 무용수를 가만히 놔두어야 한다.

　연습실의 에너지는 매 순간 다르다. 무용수들의 컨디션에 따라 연습실은 활기찰 때도 있고, 분위기가 가라앉아 연습을 지속하기 어려울 때도 있다. 대체로 처음 이삼십 분은 연습실 분위기가 무겁다. 무용수들의 몸이 풀리지 않았거나 피로하기 때문이다. 연습을 시작하고 한 시간 정도 지나면 연습실은 활기차게 변한다. 몸에서는 땀이 나고 머리는 맑아진다. 연습실의 에너지는 이때 가장 활기차다. 이 순간 몸은 창조를 시작한다.

마치
언어 같은 춤

 몸과 몸이 만난다. 거의 나체에 가깝다. 눈빛으로 무엇인가를 주고받는다. '사랑'이다. 껴안고 손으로 서로의 얼굴을 만지기도 하고, 목을 어루만지기도 한다. 입에서는 알 수 없는 소리가 흘러나온다. 상대에게 하는 소리지만, 상대는 그 소리가 무엇을 의미하는지 정확히 알 수 없다. 소리가 없어도 무슨 말을 하는지 알기에 소리의 의미를 알려고도 하지 않는다. 원시인들이 사랑을 나눈다면 이런 느낌이 아닐까 추측해본다. 춤은 가장 원시적인 언어다. 원시인들은 몸짓 언어로 마음을 나누었다. 간단한 감정 전달은 몸짓 언어로도 충분하다. 그러나 여러 사람과 정확한 소통을 하려니 모호한 몸짓 언어가 헷갈리기 시작했고, 정확한 언어의 필요성을 느끼게 되었다.

 춤에서 동작을 배우는 것은 아이들이 말을 배우는 과정과 유사하다. 아이들이 언어를 배울 때 '엄마', '아빠', '강아지', '맘마' 등 간단한 단어부터 시작해 하나씩 배우듯이 춤의 동작도 팔을 올리고 다리를 드는 단순한 동작부터 시작해서, 점차 복잡한 동작을 배운다. 복잡한 동작은 저절로 알게 되는 게 아니라 배워야 한다. 몸을 자주 움직이면 동작을 구사하는 기능이 발달한다. 이는 언어를 배우는 과정과 같다.
 사람마다 말할 때 자주 쓰거나 선호하는 단어가 있다. 동

연습실에서

작도 언어처럼 자기가 좋아하는 움직임이 있다. 하지만 선호하는 움직임만 사용하면 춤은 습관으로 변한다. 동작이 습관이 되면 다른 동작을 하기 어렵다. 무용수들은 새로운 동작들을 끊임없이 배우면서 습관을 잊어버린다.

다양한 책을 많이 읽어야 어휘력이 발전하는 것처럼, 춤도 여러 사람으로부터 갖가지 스타일의 춤을 배우면 움직임을 구사하는 능력이 향상된다. 춤을 배워서 다양한 움직임을 할 줄 알게 되면 스스로 움직임을 만드는 능력도 발전한다.

〈아바타 처용 II〉 (2004)

연습실에서

몸은 기호로 변형된다
꺾이고 뒤집어져서 기호화된 몸,
그 몸은 말을 한다

단어를 많이 안다고 해서 최고의 문장을 만들 수는 없는 것과 마찬가지로, 동작을 다양하게 만들 줄 안다고 해서 좋은 작품을 만들 수는 없다. 단어를 어떻게 배열하는지, 어떤 리듬과 호흡으로 글을 쓰는지에 따라 문장의 느낌은 완전히 달라진다. 예를 들어 '나', '필요', '하다'라는 세 가지 단어를 가지고 배열을 어떻게 하느냐에 따라 "나를 필요로 한다", "나는 필요하다" 등 문장의 의미와 흐름, 느낌이 달라진다.

 동작도 마찬가지다. 작품에서 동작을 다양하게 만드는 것도 중요하지만, 다양한 동작을 누가 어떻게 배열하느냐에 따라 작품이 달라진다. 이 지점에서 무용수와 안무가의 역할이 나뉜다. 무용수가 말을 잘하는 아나운서라면 안무가는 각본가다.

 움직임은 언어처럼 정확한 뜻을 전달하기 어렵다. 동작에는 규정이나 규칙이 없다. 틀이 없는 동작 언어는 무한히 변화할 수 있다. 추상 회화에 가깝다. 관객은 움직임을 보고 그 의미를 짐작할 수밖에 없다.

움직임은 언어처럼 정확한 뜻을 전달하지 않기 때문에, 보는 사람의 이해력 또한 천차만별이다. 춤을 많이 접하고, 오래 배운 사람은 몸으로 말하는 일에 익숙하고, 다른 사람이 몸으로 하는 말에 대한 이해 또한 상당하다. 발레는 마임과 같은 직접적인 동작 언어를 쓰는데, 이해하기 쉬워서 대중이 선호한다. 중세기의 모자이크 패턴처럼 모호한 동작을 추구하는 현대무용은 대중이 이해하기 어렵다. 그러나 퍼즐을 좋아하고 추상을 즐기는 소수의 실험적인 관객은 현대무용의 모호한 몸짓 언어를 즐긴다.

춤과 시간

 무용실에 메트로놈이 있다. 안무가는 음악이 결정되지 않은 상태에서, 리듬의 변화를 알려주기 위해 이 기구를 사용하기도 한다. 절대적인 시간은 수학과 같이 정확하지만, 우리가 느끼고 감각하는 시간은 다르다. 음악 없이 동작을 만들면 시간의 흐름을 알기가 쉽지 않다. 반대로 음악 없이 춤을 추면 관객은 춤에만 열중한다. 그러나 춤과 음악이 좋으면 시간은 순식간에 가버린다.

 시간은 감정과도 밀접하게 연관되어 있다. 텔레비전에서 연기하는 배우를 보면, 감정을 표현하기 위해 시간을 활용하는 경우를 볼 수 있다. 말을 할 때 어느 정도 시간을 들이느냐에 따라 분위기가 사뭇 다르다. 예를 들어 배우가 "내가 그 일을 그렇게 했단 말인가요?"라는 대사를 말할 때, '내가'라고 말하고 시간을 흘려보낸 뒤에 다음 말을 천천히 하는 것과 전체를 한꺼번에 속사포처럼 말하는 것은 상당히 뉘앙스가 다르다.

〈A Day In A Summer〉 (1997)

연습실에서

　시간이 짧으면 에너지를 많이 쓴다. 빠른 시간 안에 동작을 끝내야 하기 때문이다. 500m를 십 분 동안 걷는 사람과 30분 동안 걷는 사람이 사용하는 에너지는 완전히 다르다. 빠른 동작들은 역동적이고 관객을 흥분시킨다. 같은 동작도 시간을 다르게 쓰면 드러나는 감정이 달라진다. 양손으로 얼굴을 순식간에 가렸다 내리면 그냥 하나의 동작이다. 천천히 양손으로 얼굴을 가렸다가 시간이 조금 지난 뒤 손을 내리면 슬픔을 표현할 수 있다. 동작 자체가 그런 느낌을 주기도 하지만, 시간이 결정적으로 감정을 불러일으킨다.

다양한 동작이라도 똑같은 박자로 움직이면 다양함을 느끼기 어렵다. 동작을 느리게 했다가 빠르게 하거나, 멈추었다가 움직이면 같은 박자에서 동작을 할 때보다 강하게 다가온다. 특히 춤에서 멈춤은 중요하다. 영화에서도 종종 이런 시도를 한다. 명동 한복판에서 걸어가던 배우는 갑자기 걸음을 멈추고, 주위의 모든 사물은 원래대로 움직이면 배우가 멈추지 않고 걸을 때와는 다른 느낌으로 우리에게 다가오는 것과도 같다.

시간은 연습량이나 습관과도 관련이 있다. 음악 없이 움직임을 만들 때 몸은 습관에 지배된다. 자기도 모르는 자기만의 시간 개념이 몸에 스며 있다. 무용수가 동작을 빠르게 만드는 습관이 있으면 느린 동작을 만들기 어렵다. 시간에 대한 몸의 습관은 무용수마다 차이가 있다. 새 작품을 위해 오디션으로 선발된 무용수들은 음악에 맞춰 같은 동작을 반복 연습하여 작품에서 요구하는 속도감각을 익힌다.

〈Being 신데렐라〉 (2010)

춤을 배우는 과정에서 시간에 대한 감각 키우기는 여러 가지 방법으로 연습한다. 오른쪽 벽에서 출발해 왼쪽 벽에 이르기까지 시간이 얼마나 걸리는지 짐작해보라고 하기도 하고, 즉흥 춤을 춘 뒤 시간의 흐름을 짐작해보기도 한다. 대답은 당연히 무용수마다 다르다. 작품 창작에서 시간 감각은 중요하다. 작품에서 무용수가 얼마나 오래 춤을 출 것인지, 어느 순간에 멈출 것이지, 어떤 빠르기로 움직일 것인지 등 안무가는 수많은 결정의 순간에 서게 된다. 시간을 적절하게 잘 쓰는 것만으로도 춤은 멋있다.

관객을 사로잡는 에너지

 몸은 발전소다. 에너지는 몸에서 만들어지고 몸에서 사라진다. 에너지가 없으면 동작을 할 수 없다. 춤은 여러 예술 분야 중에서도 에너지를 가장 많이, 그리고 다양하게 사용한다. 연극은 대사로 감정을 표현할 수 있지만, 말없이 몸으로 감정을 표현하는 춤은 에너지를 가감하여 할 수밖에 없다.

 젊은 무용수는 에너지가 강하다. 나이 든 무용수는 그들이 뿜어내는 강한 에너지를 따라가기 어렵다. 반면, 젊은 무용수는 에너지를 세분해서 근육을 컨트롤하는 데 서툴다. 에너지는 강하지만 다스리는 요령이 부족하다. 젊어도 훈련을 많이 하면 에너지 컨트롤 능력이 발전하지만 배움에는 한계가 있다. 경험 없는 재능이 연륜을 뛰어넘기는 어렵다는 말이다. 나이 든 무용수는 힘으로 연기하지 않고 노련함으로 한다.

〈대면〉(2007)

에너지는 어느 예술 분야에서나 중요하다. 영화나 연기를 보면 춤과 비슷하다는 생각이 든다. 연기자가 고함을 지르고 화를 내려면 몸에서 폭발하듯 에너지를 뿜어내야 한다. 화내는 연기를 하고 싶어도 에너지가 없으면 연기가 돋보이기 어렵다. 몸의 각 부분에서 에너지를 적절하게 사용할 때, 연기자의 연기는 빛난다. 특히 배우의 표정 연기는 섬세하다. 배우의 연기는 얼굴 피부밑에서부터 감정이 솟구칠 때 사람을 감동시킨다. 에너지는 배우의 목소리와도 밀접하게 연관된다. 배우가 목에 힘을 주고 대사를 할 때와 느슨하게 할 때, 전달되는 감정은 상당히 다르다. 배우와 감독은 대사 하나하나를 어떻게 말할지 연구를 많이 한다. 단어의 끝에 힘을 줄지, 처음에 줄지 또는 단어 전체에 에너지를 분산시킬지 매 순간 결정한다. 무용수도 마찬가지다.

에너지의 가감은 근육 표현과도 관련이 있다. 무용수가 힘 있는 에너지를 표현하고 싶어도 근육이 약하면 표현하기 어렵다. 무용수가 빠르고 힘 있는 동작을 많이 한다면 근육은 수축하는 일에 익숙해진다. 수축에만 익숙한 근육은 이완에 약하기 때문에 부드럽고 유연한 표현을 할 때 어려움을 겪을 수 있다. 표현을 잘하려면 근육 훈련을 해야 한다. 무용수의 근육이 수축과 이완을 자유롭게 할 수 있으면 강하고 부드러운 춤을 모두 잘 소화할 수 있다.

아일랜드 프로젝트 포스터

에너지 사용에서 중요한 것은 호흡이다. 배우들도 호흡 훈련을 중요하게 생각하지만, 춤에서 호흡 훈련은 더없이 중요하다. 탄력 있는 근육을 만들기 위해서는 호흡 훈련이 꼭 필요하다. 뛰기, 당기기, 들기 등 강한 동작들은 주로 유산소 운동으로, 호흡과 함께 훈련해야 한다. 온몸에 에너지를 넣어 강하게 근육을 수축하고 긴장하는 연습을 한다. 근육을 이완하는 연습으로는 스트레칭을 한다. 근육을 이완시킬 때도 호흡법은 중요하다. 근육을 늘릴 때 호흡을 깊게 뱉으면 잘 늘어난다. 이완을 충분히 하면 뭉쳤던 근육들이 풀어지고 근육은 또 다른 수축을 준비한다.

연습실에서

에너지는 몸의 체형과도 밀접한 연관이 있다. 무용수는 타고난 체형이 중요하다. 열 명의 무용수가 똑같은 동작을 해도 몸이 가진 에너지나 체형이 달라서, 자세히 보면 몸에서 풍기는 느낌이 다르다. 그래서 무용수를 선발할 때에는 먼저 오디션을 본다. 작품에 가장 적합한 무용수를 찾기 위해서다. 노련한 무용수일수록 에너지와 호흡에 집중한다. 무용수가 강하게 조여진 에너지를 풀면, 관객은 희열을 만끽하기도 하고 풀어졌던 에너지를 조이면 관객의 몸도 함께 긴장한다. 에너지는 작품 전체를 관통하며 관객의 마음을 사로잡는다.

부채춤이 가르쳐준
배려의 마음

부채춤에는 인생사가 들어 있다. 여러 무용수가 부채로 원을 만들며 도는 부분이 부채춤의 하이라이트다. 마치 꽃이 도는 것처럼 화사하고 아름답다. 그 부채 꽃은 어린아이들로 구성된 리틀 엔젤스의 공연으로 세계 무대에서 박수갈채를 받았다. 무용수들이 양손에 부채를 들고 원 안으로 들어가, 부채로 원을 만들며 원 바깥을 향해 뱅뱅 도는 장면이다. 그냥 원을 만드는 것이 아니라 객석에서 잘 보이도록 원을 사선으로 만들어야 하므로 쉽지 않다. 혼자 잘한다고 되는 것이 아니라 여럿이 모여서 원 하나를 만들기 때문에 한 명이라도 방심하면 원이 끊어지거나 삐뚤어진다.

부채 꽃을 만들 때에는 부채와 부채를 서로 연결시켜야 한다. 무용수는 왼쪽에 선 무용수의 부채도 신경 써야 하고 오른쪽에 선 무용수의 부채도 신경 써야 하기에 양옆을 모두 보면서 맞춰야 한다. 어쩌다 한 손이 처지면 옆 무용수의 부채와 연결이 안 되기 때문에 원이 끊어진다. 양손과 양팔의 높이와 각도를 잘 조절해야 하는 고난도의 테크닉이다. 무용수들이 오른쪽으로 뱅뱅 돌기 때문에 오른쪽 무용수가 그의 왼손을 어떻게 조절하느냐에 따라 뒤에 따라오는 무용수들의 부채 각도가 결정된다. 한 무용수의 왼손 각도가 조금이라도 어긋나면 원 전체가 삐뚤어지고 만다.

부채 꽃을 만들어 돌 때 가장 많이 지적하는 부분은 다른 사람의 어깨를 밀지 말라는 것이다. 어깨와 어깨가 서로 닿을 듯 말 듯한 상태로 돌아야 부채 꽃이 삐뚤어지지 않는다. 오른쪽 사람의 부채를 쫓아가려고 서두르다 보면 왼쪽 사람의 어깨와 떨어지게 된다. 오른쪽 사람과 맞추는 데만 신경 쓰고 왼쪽 사람을 배려하지 않으면 조화를 이룰 수 없다. 오른쪽 사람이 실수하더라도 무조건 쫓아가지 말고 자기 자리를 지키는 것도 중요하다.

부채춤을 가르치다 보면 꼭 한두 명이 각도를 잘 이해하지 못한다. 그런 한두 명의 무용수 때문에 연습이 반복된다. 그러나 실수하는 무용수의 옆에서 다른 무용수가 배려해준다면 연습이 수월해진다. 일종의 유연성이다. 상대가 실수를 하더라도 긴장하지 않고, 자기 위치에서 최선을 다해 조율하면 불완전하게나마 원의 형태를 갖출 수 있다.

춤은 협동 작업이기 때문에 서로 배려하는 마음이 중요하다. 한 무용수가 줄을 잘못 서면, 나머지 무용수들은 잘못 선 무용수에 맞출 수밖에 없다. 줄이 맞지 않는다고 혼자 줄 밖으로 나가 맞는 줄에 선다면 어떨까? 비록 줄밖에 서 있는 사람이 맞을지언정 무대에서는 다수를 따라야 한다. 인생을 살다보면 이런 경우와 맞닥뜨리게 된다. 모든 사람들이 오른쪽이라고 생각할 때, 한 사람이 왼쪽이라고 우긴다. 왼쪽이

옳다면 왼쪽이라고 주장할 수 있는 사람이 되어야 하지만, 때로는 유연성을 발휘할 줄도 알아야 한다.

　부채춤을 가르치다 보면 자기 말이 옳다고 우기는 아이가 많다. 그 아이의 말이 맞다. 앞사람을 쫓아가야 하는데, 앞사람이 틀렸으니 자기는 잘못이 없다고 우긴다. 이럴 때 부채춤은 유연성을 가르쳐준다. 앞사람이 실수한 경우 어떻게 하면 내가 앞사람의 실수를 만회할 수 있는지를 배운다. 그리고 뒷사람의 어려움을 이해하고 배려하려는 마음 또한 배운다. 내가 부채춤의 중심이 아니라 부채 꽃의 한 부분이 되어야 한다는 것을 배우면서 무용수들은 유연하고 느긋해진다.

서예를 하는 것과 같은 춤

춤에는 다양한 색이 있다. 춤이 거칠고 느리면 무거운 색의 춤이고, 부드럽고 한들한들하면 가벼운 색의 춤이다. 에너지가 위로 치솟고 가벼우면 밝은 춤이고 살풀이춤처럼 시종일관 흐느끼면 어두운 춤이라고 할 수 있다. 춤에는 농담이 있다. 색깔이나 명암 따위의 짙음과 옅음을 농담(濃淡)이라고 한다. 주로 수묵화에서 농담에 대한 이야기를 많이 한다. 이를 춤과 연결하면 무게감이라 표현할 수 있다. 무거운 정도, 그것은 힘의 강도를 이야기하는 것만은 아니다. 힘은 에너지를 가했을 때 생기는 것이지만 무게는 중력에 의해 느껴지는 감각이다. 진혼곡을 들을 때의 그 장중함, 그것이 무게감이다. 묵직하게 발을 옮기는 저승사자의 둔탁한 걸음걸이, 이것을 에너지만으로 설명하기에는 무리가 있다.

춤에 있어 농담이란 중심에서 짓누르는 육중한 무게와 내공의 힘을 말한다. 이는 창호지에 물이 스미는 것이나, 누룩을 발로 지그시 누르는 것과 같다. 깊은 우물로부터 펌프질하는 것과 같으며, 꿈속에서 점점 사라지는 영상과 같이 아쉽고 아련한 그 무엇이다. 김치로 말하자면 곰삭은 김치, 오래 묵히고 삭혀서 감칠맛이 나는 김치처럼 내용에 무게가 실린 것을 말한다. 이럴 때 춤에 내공이 있다고 말한다.

농담은 서예에서 그 성질이 가장 잘 드러난다. 그것은 내가 〈서예를 하는 것과 같은 춤〉이라는 메소드를 만들면서 생각한 춤의 질감이다. 서예는 동양 예술의 근원이자 뿌리다. 서예는 손으로 쓰는 것도 어깨로 쓰는 것도 아니다. 작은 글씨라도 온몸으로 쓰며 특히 중심의 내공이 충만해야 흔들림이 없고 야무진 글씨체가 나온다. 서예를 보는 사람은 화려한 필체가 아니라 글씨 안에 담긴 내면의 깊이를 본다. 흔들리지 않는 무게와 필력의 내공을 말이다. 생김새가 예쁘다고 좋은 글씨체는 아니다.

〈허정〉 (2002)

한국의 전통춤도 이처럼 내공이 중요하다. 굴신하고 내딛는 발뒤꿈치에서 느껴지는 무게감. 뒤꿈치로 땅을 디디면, 땅으로부터 치밀어 올라오는 땅의 힘이 몸을 타고 올라와 춤으로 벌어진다. 내공은 심신을 오래 수련해야만 터득할 수 있는 내면의 강단이며 여유다. 그것은 세월의 켜이며, 온갖 세상의 풍파를 거치지 않고는 가질 수 없는 삶의 나이테다. 강하고 약한 것들을 수없이 겪으면서 내면은 질감을 가지게 되고, 꿰뚫어보는 능력을 키운다. 그것은 수없이 붓글씨를 쓰면서 터득하는 경험과도 같고 희로애락의 삶에서 느끼는 체험이기도 하다. 진하고 여린 것의 진정한 의미는 느끼고 부딪혀보지 않고 알 수 없는 감각의 세계이며, 살아 움직이는 생기다.

붓글씨를 배울 때는 제일 먼저 가로와 세로로 선 긋기를 한다. 매일 똑같이 비뚤거리지 않게 선을 긋는다. 선의 굵기나 먹의 색깔이 일정하게 될 때까지 매일 반복하여 선 긋기만 한다. 선을 잘 그어보려고 애를 쓰면 더 망치기도 한다. 무심한 상태로 선을 그으면 된다. 생각으로 선을 긋는 것이 아니라 몸으로 선을 긋다 보면 언젠가 선이 제대로 나온다. 경험을 통한 터득이다.

〈허정〉 (2002)

경험의 세계에서는 생각이 필요 없다. 그냥 하면 된다. 춤을 계속 추면 실력이 늘듯이 붓을 들고 선을 계속 긋다 보면 몸이 스스로 안다. 몸을 유연하게 하고 마음을 허정하게 두고 선을 긋다 보면 예술이 탄생한다. 춤도 마찬가지이다. 춤의 농담은 무게감을 어떻게 표현하느냐에 따라 내공을 드러낸다. 무조건 무겁게 춘다고 내공이 있는 게 아니다. 여리고 무거운 정도를 잘 담금질하여 조절할 여유가 있고, 그 속에 무게감이 느껴질 때 춤에 내공이 생긴다.

전통춤 추는 이에게 어른들이 하는 말이 있다. "무게 있게 춤을 잘 추는군!"이라고. 이 말은 어깨에 힘을 주고 억지를 쓰는 춤이 아니라, 온몸을 부드럽게 풀고, 아랫배에 힘이 적당히 들어간 상태에서 추는 춤을 보고 하는 말이다. 이런 상태의 몸을 두고 기(氣)가 가득하다고 한다. 이는 마치 서예를 하는 사람의 몸짓을 연상케 한다.

솔로와 듀엣, 그리고 춤 창작의 묘미

솔로 춤은 작품의 기본 재료다. 작품 창작을 시작하면 주제에 맞는 움직임부터 만든다. 먼저 무용수들에게 주제에 대해 충분히 설명하고 작품에서 표현하려는 동작의 분위기를 이해시킨 뒤 무용수들과 움직임 제작을 시작한다. 보통은 무용수들이 스스로 움직임을 만들 때까지 기다린다. 물론 처음에는 원하는 분위기의 춤이 나오지 않는다. 무용수들은 혼란스럽고 안무가도 원하는 이미지가 머릿속에 있지만 정확하지는 않다. 창작이란 건 이런 모호함 속에서 이런저런 궁리 끝에 나오는 것이다.

무용수가 혼란스러우면 움직임 창작이 어렵다. 설명을 여러 번 해서 무용수의 이해를 돕는다. 원하는 움직임이 완성되고 적절하게 춤을 연결하면 솔로 춤이 완성된다. 주제가 될 만한 솔로 춤과 소재로 쓸 솔로 춤을 나누어 정리한다. 긴 솔로 춤은 여러 가지 방법으로 자르고, 묶고, 나누고, 조합하는

〈신 공무도하가〉 (2004)

과정을 거친다. 이 과정을 통해서 만들어진 동작들을 작품 곳곳에 재배치한다.

전체 솔로 춤은 부분으로 나누어 잘라서 번호를 붙인다. 나눈 춤을 섞어서 새롭게 묶고 조합한다. 예를 들어 긴 솔로 춤을 A-B-C-D로 나누고 C-A-B-D로 조합하거나 B-C-A-D 등으로 새롭게 조합한다. 순서만 다르게 조합해도 동작이 다르게 보인다. 변형은 수없이 많이 만들 수 있다. 동작의 순서를 변화시켜도 몸짓 하나하나의 의미가 바뀌지는 않는다. 그러나 전체적인 분위기나 뉘앙스가 변한다. 강조하는 방법도 있다. A-B-C-D로 자른 춤에 강조를 원하면 A-B-B-B-B-C-D나 A-C-B-B-C-B-D-B 등으로 강조하기를 원하는 부분을 여러 번 반복해서 넣기도 한다.

이렇게 춤의 방향과 시간과 에너지를 다르게 설정해 새롭게 조합하면 똑같은 동작이라도 느낌이나 분위기가 확연히 다르다. 예를 들어 긴 솔로 춤을 한 번은 앞을 보고 추고, 한 번은 뒤를 보고 추면 두 개의 다른 춤 같은 느낌이 든다. 이렇듯 하나의 동작군은 다양한 방법으로 변형되어 작품 속에 녹아난다.

〈인당수〉 (2012)

연습실에서

　나우무용단과 협동 작업을 한 아일랜드 무용단을 이끌었던 로버트 부부의 안무 방법은 나와는 좀 달랐다. 그들은 안무의 기본 단위를 솔로가 아닌 듀엣으로 잡았다. 두 사람을 기준으로 듀엣 춤을 먼저 만들고 그것을 서로 병치시키거나 병렬 시켰다. 둘이 넷이 되고 넷이 다시 여섯이 되는 과정에서 안무가 변화했다. 두 팀의 듀엣에 시간과 공간을 조금씩 다르게 설정하니 미묘하게 조화가 맞아떨어졌다. 오른팔의 움직임을 약간씩 다르게 하고 방향만 같은 곳을 가리키면 변화 속에서 통일이 이루어지기도 했다. 변화와 통일은 안무에서 매우 중요한 구성법이다. 솔로를 기본으로 사용하는 안무보다 듀엣을 기본으로 하는 안무가 훨씬 복잡하고 다양했다.

〈페미타지 Ⅱ〉 (2003)

안무에 옳고 그른 것은 없다. 다양한 방법으로 좌충우돌하다 보면 자기 나름의 독특한 안무법이 생긴다. 작품을 만들 때마다 새로운 방법을 터득하기도 한다. 때로는 다른 장르의 창작법을 보고 따라해보기도 한다. 춤 창작은 음식을 만들거나 작곡을 하거나 글을 쓰는 것과도 비슷하다. 창작은 주제를 정하고 그것을 다양하게 변화시키는 과정 안에서 이루어진다. 요리를 할 때 재료 선택이 중요하듯이 춤도 마찬가지다. 안무에 질 좋은 움직임이 다양하면 다른 구성을 더하지 않아도 좋은 작품이 된다. 결국, 기본 단위인 솔로 춤이 작품의 재료로 가장 중요하다는 말이다.

춤이
음악을 타다

 한 무용수가 걸어간다. 음악이 공간을 채우며 관객의 마음을 자극한다. 무용수가 무대를 가로질러 가는 동안 음악이 계속 흘러나온다. 관객들은 무용수가 걸을 때마다 동작을 유심히 본다. 움직임이 없어도 분위기가 관객을 사로잡고 있다. 음악의 힘이다. 춤 공연에서 음악은 작품의 승패를 결정할 정도로 중요하다. 음악 없이 춤 공연을 할 수도 있겠지만 그런 경우는 드물다.

 음악을 선택하거나 편집하는 방법은 안무가마다 천차만별이다. 발레 안무가 조지 발란신은 음표를 발레의 발 스텝으로 표현하는 것으로 유명하다. 음표와 발 스텝을 맞추면서 동작을 만들기에 박자와 발 스텝이 리드미컬하게 맞아떨어져서 관객을 즐겁게 한다. 현대무용 안무가 안성수도 음악의 흐름을 움직임과 연결하는 탁월한 재주가 있다. 전통무용에서는 '춤이 음악을 탄다' 라는 표현을 쓰기도 한다. 탄다는 말은 가야금 줄 위에서 춤을 춘다는 의미. 이렇듯 춤과 음악은 떨어질 수 없는 관계다.

작품의 규모가 큰 공연이나 발레, 한국무용의 극무용은 전문가의 도움을 받아 작곡 음악을 쓴다. 이런 경우 안무가는 음악가 선택을 신중히 해야 한다. 예술은 취향의 문제이기 때문에 안무가와 음악가의 감각이 맞지 않으면 춤과 음악이 어울리기 어렵다. 감각이 맞는 안무가와 음악가가 한 팀이 되어 오랜 기간 작품을 같이 하기도 한다.

독립안무가들은 경제적인 이유로 음악 작업을 스스로 한다. 그들은 음악을 작곡하기보다 편곡한다. 안무가들은 저마다의 독특한 방식으로 음악을 편곡한다. 나의 경우 작품을 만들기 시작하면 주제를 정하는 과정에서 무용수들과 즉흥 연습을 먼저 한다. 주제가 명확해지고, 몇몇 장면이 정리되고, 전체적인 아웃라인이 나오면 분위기 위주로 음악을 고른다. 감으로 음악을 고르는 셈이다. 감 잡기에서는 음악의 시작 부분만 듣는다. 장님 코끼리 만지기와 비슷한 상황이다. 그림을 스케치하듯 분위기에 초점을 두고 음악을 선별한다.

공연의 전체적인 흐름이 결정되면 무용수들과 실험한 영상을 바탕으로 음악을 선택한다. 컴퓨터를 통해서 춤과 음악을 연결시켜보고 영상과 어울리는 음악을 선별하여 연습실로 가져가 춤과 맞춰본다. 영상을 보면서 춤과 음악을 맞췄을 때 잘 어울릴 것 같은 곡을 선별하지만, 연습실에서 맞춰

보면 결과는 매번 다르다. 전혀 안 어울릴 거라고 판단한 음악이 연습실에서 절묘하게 맞아떨어지기도 하고, 컴퓨터 화면에서 어울릴 거라고 여긴 부분이 실제 춤과 맞춰보면 전혀 어울리지 않는 경우도 있다. 작품을 만드는 동안 음악과 춤을 연결하는 실험은 여러 번 이루어진다. 전혀 어울리지 않을 것이라고 여겼던 음악이 춤과 잘 맞으면 안무가의 가슴은 뛴다.

편집 작업을 하기 전에 머릿속으로 대충 계획을 세우지만 대부분 실제 상황은 계획과 상당히 다르다. 음악은 다양한 방법으로 편집한다. 예를 들어 두 개의 음악을 중첩해보기도 하고, 하나의 음악 중간에 다른 음악을 끼워보기도 한다. 그러다 보면 음악이 예기치 않게 독특한 느낌으로 다가올 때가 있다. 비슷한 리듬이지만 하나는 흐름이 있고, 하나는 비트가 있는 음악 둘을 융합해서 완전히 다른 느낌의 음악을 만들기도 한다. 두 음악이 잘 어울리는데 비트가 약간 달라서 도저히 중첩이 어려울 때에는 여러 가지 방법으로 맞춰보려고 애를 쓴다. 음악의 템포를 조절해 보기도 하고 한 음악의 볼륨을 약하게 만들어 비트가 정확히 들리지 않게 만들기도 한다. 사실 대부분은 원곡보다 좋지 않기에 결국 포기한다. 그러나 뜻밖에 좋은 결과를 얻기도 한다. 우연은 늘 흥미롭다.

더블린 연습실에서

음악 편집 작업은 혼자 할 수 있어서 공동 작업인 춤 작업과는 달리 쉽게 즐길 수 있는 창작 작업이다. 요즘에는 저작권 문제로 음악을 마음대로 편집할 수 없다. 외국 음악은 작곡가에게 연락하여 저작권료를 지급하고 음악을 쓰는 경우가 드물다. 독립안무가의 작품은 상업성이나 대중성이 없기 때문이다. 그러나 한국 작곡가의 곡은 저작권료를 지급하거나 작곡가에게 알리고 사용해야 한다.

　연습하는 과정에서 편집 작업은 수없이 이루어진다. 음악이 완성되어도 무대에 작품을 올리기 전까지 수정은 계속된다. 춤과 음악이 완성되면, 안무가들은 작품을 무대에 올릴 날을 가슴 졸이며 기다린다.

무대 미술과 음악

춤은 종합 예술이다. 춤 공연은 무용수들만으로도 할 수 있다. 그러나 음악, 의상, 조명, 무대 미술, 소품 등의 도움이 있으면 춤 공연은 더 풍부해진다. '안무'란 원래 춤을 만드는 것만을 의미했지만, 오늘날은 그 영역이 광범위해졌다. 이제 안무는 거의 연출에 가깝다. 안무가는 춤을 만들 뿐만 아니라 공연 전체를 조율하는 역할을 한다. 물론 규모가 아주 큰 춤 공연은 연출자가 따로 있다.

젊은 안무가들은 춤 만드는 일에만 집중한다. 음악도 스스로 만들고 연습복 차림으로 공연을 하기도 한다. 무대 미술은 거의 없다. 그러다가 안무가로 명성이 쌓이고 지원금을 받으면 극장의 규모가 커지면서 안무가 종합 예술로 변한다. 각 분야의 전문가들이 모여서 작품 하나를 만들기 위해 고심한다. 물론 최종 결정은 안무가의 몫이다.

특히 의상은 춤 공연에서 무엇보다 중요하다. 의상을 잘못 선택하면 공연을 망치기도 한다. 의상 때문에 춤이 보이지 않는 경우도 있고, 반대로 의상이 더 많은 볼거리를 제공해 주기도 한다. 춤 의상은 움직임을 잘 이해하는 디자이너가 만들어야 한다. 간혹 춤 의상에 익숙하지 않은 디자이너의 의상을 입으면 의상에 신경 쓰느라 춤을 제대로 못 추는 경우도 있다.

무대에서 의상의 단추가 풀어져서 가슴이 다 드러나기도 하고, 옷이 벗겨지기도 한다. 춤을 추는 상황에서 그런 불상사가 생기면 무용수는 엄청난 스트레스를 받는다. 단추를 채우기 위해 춤을 잠시 멈출 수도 없고, 옷이 벗겨진 채로 춤을 출 수도 없는 진퇴양난의 상황이다. 가슴 하나 드러나는 정도는 그냥 계속 춤을 춘다. 어쩔 수 없다. 모든 무용수는 이런 경험이 한두 번은 있다. 돌발 상황에서 그들은 다양한 방법으로 상황에 대처한다. 도저히 방법이 없을 때는 공연 사고가 날 수밖에 없다. 그럴 경우 그 일은 무용수에게 평생의 트라우마로 남는다.

〈Being 신데렐라〉 (2010)

무대 미술은 상당히 어려운 분야다. 무대의 장치가 전체 작품을 어우르며 설명해주어야 하기에 장치가 의미와 적절히 얽혀 있어야 한다. 공연 주제와 무대 미술이 잘 맞아야 하지만 간혹 춤 공연과 무관한 무대 장치가 자리하기도 한다. 안무가 중에는 무대가 비어 보여서 장치를 설치한다는 말도 한다. 무대 미술은 춤 공연의 전체적인 분위기를 좋은 쪽으로 이끌기도 하고, 장치가 무대 전체를 지나치게 압도해서 관객을 부담스럽게 만들기도 한다. 미국의 유명한 안무가인 마사 그레이엄은 일본의 유명한 미술가 이사무 노구치와 오랜 기간 작품 활동을 한 것으로 유명하다. 그의 작품은 그 자체로 조각이 되어 무대를 빛냈으며 관객들은 그의 무대 미술에 매료되어 춤 공연을 보기도 했다.

유명한 미술가나 의상 디자이너와의 작업은 그 자체만으로도 홍보가 된다. 춤 공연을 잘 모르는 관객도 유명한 의상 디자이너가 아무개 무용단과 작업을 한다고 하면, 그의 의상이 춤에서 어떻게 표현되는지 궁금해서 공연에 관심을 가진다. 지난 2014년 11월 예술의 전당 오페라 극장에서 공연한 프랑스의 세계적인 발레 안무가 앙줄랭 프렐조카주의 현대발레 〈스노우 화이트〉는 구스타프 말러의 교향곡과 세계적인 의상 디자이너 장 폴 고티에가 직접 디자인한 관능적인 의상으로 인해 장안의 화제가 되기도 했다.

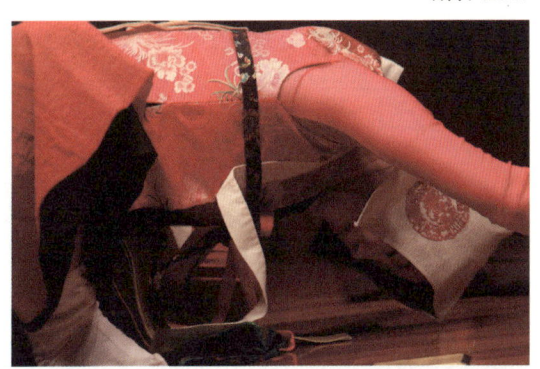
〈위무〉(2007)

〈흥부〉(2011)

무용가들은 자기가 좋아하는 디자이너들과 오래 함께 작업을 한다. 서로 작품 성향을 알기에 편하다. 나의 경우 무대 미술은 몇 사람과 더불어 작업하지만, 의상은 늘 같은 사람과 작업한다. 춤 의상은 디자이너가 많지 않다. 디자이너 민천홍은 무용 의상의 거장이다. 그는 전통을 현대화하는 의상으로 유명하다. 그의 의상은 춤추기 편하고 색감이 한국적이라 외국 관객들의 호감을 많이 산다. 앞으로도 그와 계속 작업을 해나가고 싶다.

〈나례〉 (2010)
갑돌이와 갑순이는
사랑을 했더래요

사진 한 장이 주는
재미

춤은 순간의 예술이다. 공연과 더불어 사라지는 춤의 순간을 사진으로 또는 영상으로 기록할 수 있다는 건 다행이다. 나는 영상보다 사진을 더 좋아한다. 그래서 연습이나 공연을 사진으로 기록하는 일에 많은 신경을 쓴다. 무대 앞과 뒤의 상황을 사진으로 기록해 두었다가 시간이 나면 공연에 대한 글쓰기를 하거나 추억을 되새긴다. 사진작가들은 무대 앞에 사진기를 두고 기록하는 것보다 무대 전체를 돌아다니면서 찍기를 바라기에 리허설에 초대받는 것을 좋아한다. 그들은 이야기가 있는 사진을 찍거나 무용수들에게 밀착해서 작업을 많이 한다.

네이버 블로그의 사진작가들과 연이 닿아 한동안 무용단 연습실에 사진작가들이 와서 사진 작업을 했다. 그들은 우리가 보지 못하는 것까지 보고 기록할 뿐만 아니라 여러 가지 기법으로 사진을 변형하기도 했다. 사진을 선명하게 찍지 않고 마치 춤을 추듯 흘리기도 하고, 거울을 이용해서 한 사람을 두 사람으로 보이게 만들거나 사진 두 개를 겹쳐서 또 다른 사진을 만드는 등 다양한 실험을 했다.

작품 〈Being 신데렐라〉의 리허설에 작가들을 초대했더니 작가들은 연습 장면뿐 아니라 주변의 소소한 일들까지 기록했다. 무용수들이 쉬고 있는 순간을 포착해서 이런 멋진

작품을 남겼다. 삐딱하게 넘어진 구두를 사진작가는 왜 찍었을까? 사진 작가는 아무도 관심 두지 않는 구두를 어떻게 발견했을까? 카메라 앵글을 바닥에 두고 찍은 이유는 뭘까? 왜 구두에만 초점을 두고 배경은 흐리게 했을까? 수많은 의문이 꼬리에 꼬리를 물고 일어났다.

사진 한 컷은 예술 작품이다. 그 컷들이 모여 춤 공연을 기록한다. 이 사진에는 많은 이야기가 숨어 있다. 이 사진의 주제는 '구두'다. 사진작가는 구두를 바짝 당겨서 주제를 선명하게 하고 다른 것들을 흐리게 해서 구두를 강조하고 있다. 주제가 선명하면 이해가 쉽지만, 지나치면 재미가 없다. 이 사진의 구두는 주제가 선명한데도 재미있다. 왜일까? 구두가 똑바로 놓이지 않고 삐딱하게 바닥에 드러누워서 그런 걸까? 구두가 삐딱하지 않고 똑바로 놓였다면 이 사진이 과연 재미있었을까? 정도를 벗어나면 이상하게 신경이 쓰인다. 호기심이다.

사람들이 구두 뒤에 배경처럼 앉아 있다. 구두와 사람을 한 앵글에 담을 때에는 사람이 주인공인 경우가 대부분인데, 사람을 흐리게 해서 구두의 배경으로 쓴 것 또한 예사롭지 않다. 배경의 사람들은 한 사람을 제외하고 누구도 구두에 신경 쓰지 않는다. 구두를 향해 고개를 돌린 한 사람조차도 구두를 보는지 다른 곳을 보는지 알 수 없다.

사진을 천천히 살펴보자. 누운 구두와 배경의 사람들은 거리감이 있음에도 불구하고 사진에서는 거리감이 없다. 사진을 보면 유유히 흘러가는 배 위에 있는 듯한 착각이 들기도 하고 망망대해를 여행하는 느낌이 들기도 한다. 사진작가의 시선이 조금만 위에 있어도 그런 느낌이 들지는 않았을 것이다.

배경의 사람들과 구두는 상관이 없어 보인다. 그들의 옷차림은 구두와 전혀 어울리지 않고 편안하게 앉아 있는 모습 또한 구두와 무관하다. 구두가 딱딱한 느낌이라면 뒤의 여자들은 부드럽다. 그들은 줄을 맞추지 않고 제각각 앉아 있다. 자세도 다양하다. 배경을 조금 더 흐리게 했다면 구두가 더 강조될 텐데 사진작가는 배경이 되는 인물의 형태를 살리면서도 구두에 초점을 두고 있다. 사진작가의 의도는 구두와 사람들과의 연결고리를 생각하게 한다.

구두는 분홍 상의를 입은 사람과 사선으로 연결되어 있고, 분홍 옷을 입은 사람은 그 뒤의 사람과 같은 곳을 보고 있다. 오른쪽의 두 사람은 가운데에 있는 사람과 시선이 연결되어 있다. 구두는 세 번째 사람까지 연결되고 끊어지는 듯 하지만 맨 왼쪽에 앉은 사람의 고개가 구두를 향하면서 사람과 구두가 둥글게 연결된다. 만약 구두를 바라보는 사람이 없었다면 구두가 버려져 있다는 느낌이 들 텐데, 그 사람으로 인해 구두는 관계에 포함된다.

사진 한 장에는 다양한 이야기가 있다. 사진은 이야기를 유도하고 이야기는 사진을 더 재미있게 만든다. 사진을 통해서 춤쟁이는 많은 것을 배운다. 의미, 개념, 구성, 공간, 스토리, 강조 등 수많은 생각할 거리가 사진 한 컷에 담겨 있다.

나의 삶

무용의 이해

나의 직업

관계와 감동

춤의 저변에 대해서

몸은 거짓말을 하지 않는다

춤을 배우려는 열풍이 대중적으로 일고 있다. 어느 부부가 라틴댄스를 배워 공연하는 텔레비전 프로그램을 보면서 웃었다. 부부가 티격태격 싸우기도 하지만, 어느 정도 배우고 나면 등산을 가듯이 즐겁게 춤을 추러 갈 수 있으리라. 건강에 신경을 많이 쓰는 요즘 남자들은 밤 문화를 즐기기보다 등산을 선호한다. 전문적으로 산을 타려면 요령이 필요하겠지만, 일반적으로는 고난도로 머리를 써서 산을 타지는 않는다. 춤도 등산처럼 일종의 육체 훈련이지만 등산처럼 그리 단순하지는 않다. 머리와 몸을 같이 써야 하는 경우가 많다. 텔레비전 프로그램에서는 나이 든 주부가 파트너인 남편과 춤을 추었다. 그녀가 마주보고 있는 남편의 오른쪽으로 돌아와서 고개를 좌우로 돌리는 장면이 있었는데 그게 생각처럼 잘 되지 않았다. 그 주부는 어떻게 해야 하는지 알고, 할 수 있다고 생각했지만, 막상 해보면 번번이 잘 되지 않았다. 이해는 했는데 왜 안 되는지 자기 자신에게 분노하면서, 잔소리하는 남편에게도 화를 냈다.

〈나례〉 (2010)

춤을 추는 데는 특별한 방법이 있다. 춤추는 어른들이 어린 제자에게 주로 하는 말이 "요령을 알아야 춤을 잘 춰!"라고 말씀하신다. 그러나 요령만 안다고 해서 금방 되는 것이 아니다. 안다는 것은 주로 머리로 이해한다는 말이다. 머리로 알고 난 뒤에는 몸이 이해할 때까지 반복 훈련을 해야 한다. 반복은 전통적인 방법이다. 그러나 요즘 사람들은 반복을 싫어한다. 뭐든지 한 번에 하기를 원한다. 아무리 간단한 것이라도 몸으로 하는 것은 머리로 이해하는 것과 상당히 다르다. 금방 할 수 있을 거 같은데도 막상 해보면 잘 안 된다. 무용하는 젊은 제자들도 잘 안되면 짜증부터 낸다. 반복하는 것이 그만큼 만만치 않다는 의미다.

〈위무〉 (2007)

하나에 집중하여 단순하게 한 동작만을 거듭해 반복 훈련하는 것은 정신을 맑게 하고 기분을 좋아지게 한다. 마치 등산을 매일 하여 마침내 손쉽게 산의 정상에 올랐을 때와 같은 느낌이다. 나중에는 힘들다는 느낌마저도 안 든다. 그러나 반복이 습관이 되기까지의 과정은 쉽지 않다. 처음에 느끼는 반복의 지루함을 견뎌야만 얻게 되는 희열이다. 한때, 다리를 살짝 드는 발동작을 한 달간 매일 한 시간씩 연습한 적이 있다. 처음에는 잘 되지 않았는데 조금씩 익숙해지자 재미가 붙었다. 어제 힘들었던 훈련이 오늘은 조금 수월하다는 것을 느끼자 점점 흥미로웠다. 나중에는 발 드는 연습만 하고 싶을 정도로 그 연습에 도가 텄다. 발 드는 연습에

〈Being 신데렐라〉 (2010)

어느 정도 익숙해지자 다른 몸짓들도 더 쉽게 다가왔다. 춤은 호흡과 중력의 문제이다. 발 드는 연습으로 기초가 다져진 것이다.

몸은 상당히 복잡한 것 같지만, 한편으로는 단순하다. 어떤 부위의 살을 빼거나 강하게 하려고 할 경우 매일 두 시간 정도만 집중적으로 한 달을 연습하면 대부분 원하는 대로 된다. 그러나 매일 몸에 힘을 주고 훈련을 하는 일이 만만치 않기에 대부분은 포기한다. 몸에 시간과 열정을 투자하면 몸은 거짓말을 하지 않는다. 몸은 한 번 얻은 기술을 쉽게 잊어버리지도 않는다.

아일랜드에서 공연을 마친 뒤, 더블린 주재 한국 대사관에서 나우무용단을 초대해 저녁을 먹었는데 대사 부부가 라틴댄스를 배운다고 했다. 밤 문화가 발달한 한국에서는 저녁이 바쁘지만, 아일랜드에서는 특별히 밤에 할 일이 없기에 지루한 밤에 할 수 있는 일을 찾다가 부부가 춤을 배우게 되었는데 너무 재미있다고 했다. 춤을 추면서 부부의 관계도 무척 좋아졌다는 말과 함께.

텔레비전에 춤 프로그램도 많이 생기고, 사람들의 춤에 대한 관심 또한 증가하고 있다. 망설이지 말고 오늘 당장 춤 동호회에 가보면 어떨까?

현대무용은 어떻게 한국에 정착했나

현대무용이 세계로 퍼지게 된 계기는 이사도라 덩컨이 발레의 형식을 거부하면서부터다. 그녀가 토슈즈를 벗어 던지고 꽉 조이는 발레복 대신 헐렁한 그리스 의상을 입고 맨발로 춤을 추면서 현대무용이 시작되었다. 19세기 말이다. 유럽에 퍼진 자유주의 열풍과 더불어 이사도라 덩컨의 맨발 춤은 유명세를 누렸다. 이후 많은 무용가가 맨발로 춤을 추었고 현대무용은 발레와는 다른 춤으로 발전했다.

이사도라 덩컨의 뒤를 이어 독일의 마리 뷔그만에 의해 감정과 표현 위주의 현대무용이 유행했다. 마리 뷔그만의 춤을 일본이 수입했고 이후 일본이 한국에 이식했다. 1921년 마리 뷔그만의 영향을 받아 감정 위주의 춤을 추던 이시이 바쿠라는 일본 무용가의 현대무용 공연이 한국에서 있었다. 관객들은 그 공연을 보고 열광했다. 관객 중에 한국 현대무용의 시조인 최승희와 조택원이 있었다. 그들은 공연을 보고 일본으로 가서 이시이 바쿠의 제자가 되었고 한국으로 돌아와 한국 현대무용을 이끌었다. 전통춤 위주의 공연이 이루어지던 당시, 두 사람에 의해 새로운 형태의 춤이 한국에 소개되었으니 그 유명세는 대단했다. 최승희는 1930~40년대 세계 최고의 무용가들과 더불어 뉴욕의 길드 극장을 비롯하여 유럽, 남미, 미국 등 수많은 극장에서 공연했다.

〈A Day In A Summer〉 (1997)

조택원 또한 유럽의 무용계를 살펴보고 진지하게 춤 창작 작업을 한 대표적인 남성 무용가다. 이들은 어려운 시기에 한국 현대무용을 이끌었지만, 전쟁의 소용돌이에서 최승희는 북송되고 조택원은 외국으로 떠났다. 한국의 현대무용은 힘을 잃고 말았다.

한국 현대무용은 1960년대 이후 대학에 무용과가 생기면서 다시 일어났다. 미국의 현대무용가인 마사 그레이엄에게 춤을 배운 육완순에 의해 대학을 중심으로 마사 그레이엄의 현대무용이 보급되었다. '현대무용＝마사 그레이엄'이라고 여길 정도로 주제와 소재만 다르고 동작은 똑같은 현대무용을 했다. 이후 1970년대 미국에서 활동하던 홍신자의 한국 공연은 현대무용에도 다양한 스타일이 있다는 것을 알게 해주었다. 그 뒤로 도리스 험프리, 머스 커닝엄, 피나 바우쉬 등 새로운 춤 스타일이 한국에 소개되면서 현대무용은 급속도로 발전했다.

발레의 형식과 전통을 탈피하는 데에서 현대무용이 시작했기에 '새로움'은 현대무용의 첫 번째 조건이다. 다른 사람이 하지 않는 것을 추구하다 보니 실험 정신이 발달했다. 세계의 현대무용 관객들이 현대무용에서 볼 수 있는 춤은 다 봤다고 여기자 점점 춤이 시들해졌다. 안무가들은 새로움에 집중했다. 독특하면 독특할수록 관객의 환호를 사게 되자 안무가들은 춤을 버리고 개념 작업에 몰두했다. 예를 들어 60년대 유행하던 음악을 배경으로 무용수들이 사진의 한 장면처럼 포즈를 취하면 음악 하나가 끝나고, 또 다른 포즈를 취하면 다음 음악이 끝나는 식의 공연도 있었다. 춤은 없고 마치 음악을 들으면서 사진을 보는 느낌의 공연이었다. 또 어떤 공연은 너무 느려서 움직임이 없는 듯한 작품도 있었다.

이렇게 세계무용계가 변화하는 동안 한국무용계는 더디게 발전했다.

1970년대 한국 현대무용이 낭만주의를 추구했다면 1980년대는 실험과 충돌의 시대였다. 미국으로부터 직수입되던 현대무용이 유럽 현대무용을 접하면서 다양해졌으나, 여전히 한국의 현대무용은 개념 작업보다 춤의 움직임과 구성에 주안점을 두고 발전했다. 빛나는 작품보다 빛나는 무용수들이 많아지자 무용수들은 세계 시장을 기웃거렸다. 최근에는 세계의 유명한 무용단에서 다양한 안무가들과 작업을 하고 한국으로 돌아오는 무용수들이 많아지고 있다. 세계적인 발레리나로도 잘 알려진 강수진이 대표적 예이다.

2010년, 한국에 처음으로 국립현대무용단이 생기면서 현대무용계는 새롭게 변하고 있다. 획기적인 기획과 기발한 실험을 통해 한국에도 진정한 새로움의 시대가 열리고 있다. 움직임에서도 변화를 추구하고 있고 한국의 전통으로부터 개념을 끌어와 현대화하는 작업도 시도한다.

〈삼일 밤 삼일 낮〉 (2009)

현재 세계 현대무용계에서는 아이디어가 기발하고 새로울수록 작품에 대한 평가를 높게 하던 추세가 조금 주춤해졌다. 춤이 뒷전으로 밀리고 아이디어가 작품의 평가를 좌우하던 시기를 지나, 2000년 이후 세계무용계는 변화를 추구하고 있다. 영국의 호페스 무용단과 이스라엘의 바체바 무용단을 비롯한 여러 무용단에서 새로운 움직임을 연구하고 개념과 형식보다 감정 표현과 움직임의 독특함을 추구하려는 물결이 일고 있다. 한국 현대무용이 앞으로 어떻게 변할지 아무도 모른다. 현대 예술과 더불어 한국 현대무용은 새로움을 추구하며 오늘도 활발하게 창조의 에너지를 뿜어내고 있다.

〈삼일 밤 삼일 낮〉(2009)

무용수가 되는 길

일반인들도 춤에 관심이 많다. 주부들은 날씬한 몸매를 유지하기 위해 재즈 댄스 학원에 다닌다. 좋은 만남을 기대하며 살사나 탱고를 배우는 사람들도 있다. 살을 빼려는 젊은이들은 스포츠 댄스나 방송 댄스를 배운다. 발레 학원은 아이들로 넘쳐난다. 발레리나의 꿈을 키우는 아이들이다. 초등학교 고학년이 되어서까지 계속 발레를 배우는 아이들은 많지 않다. 몇몇 아이만 무용을 전공으로 선택한다. 아이들이 스스로 춤을 배우기를 원할 때도 있고, 엄마들이 결정하기도 한다.

무용을 전공하려는 아이들은 대부분 집 근처 학원에서 초급 발레로 춤을 배우기 시작한다. 발레는 몸을 바로 세우기 때문에 뼈의 성장이 왕성한 아이 때 배우면 좋다. 유럽의 발레는 테크닉이 중요하지만, 전통 춤과 현대 춤을 동시에 활용하는 한국무용이나 현대무용은 표현력을 더 중요하게 생각한다. 한국무용이나 현대무용은 아이가 조금 더 자란 다음에 배우는 게 좋다. 아이의 골반이 넓고, 팔다리가 가늘고 길면 발레를 추천한다. 어깨가 아담하고 얼굴이 갸름하면 한국무용에 적합하다. 전체적인 골격이 크거나 쉬크한 느낌이 드는 아이는 현대무용을 전공하면 좋다.

전공은 몸의 골격이나 근육의 정도 또는 성격과도 관련이 있으므로 잘 선택해야 한다. 초기에 선택하는 전공은 평생을 좌우하기에 그 무엇보다 신중할 필요가 있다.

이삼십 년 전만 해도 대학에 입학하려면 무용 학원에 갔다. 최근에는 예술중·고등학교가 많이 생겨서 전문 교육도 일찍 시작한다. 춤은 대학에서도 발레, 한국무용, 현대무용으로 전공이 나뉘어 있다. 전공은 보통 중학생 무렵에 선택하지만 고등학교 때 바꾸기도 한다. 대학 입시에서는 세 가지 춤을 다 추어야 하고, 전공과목은 한 가지 기량을 더 본다. 예를 들어 본인이 만든 작품을 본다거나 따로 학교에서 준비한 작품 시험으로 학생들의 기량을 평가한다.

대학교 무용과에는 발레, 한국무용, 현대무용뿐 아니라 여러 전공과목이 있다. 무용 창작, 무용 이론 또 무용 치료와 기획 쪽도 인기다. 무용과를 졸업하면 국공립단체나 개인 무용단, 뮤지컬의 무용수, 무용과 교수 또는 학교 강사, 무용학원 강사, 개인 교습 강사, 기획자, 평론가 등으로 진로를 선택할 수 있다. 무용수가 되려면 실기과, 안무가가 되려면 창작과, 기획이나 평론을 하려면 이론과를 선택한다. 대학에서 실기와 창작과를 나누지 않는 곳도 있으니 학교 커리큘럼을 꼼꼼히 봐야 한다.

무용 기획이나 무용 치료 쪽도 인기다. 무용 기획은 예술 경영이나 문화 정책을 전공한 사람들에게 특히 인기가 높다. 무용 치료는 서울여대 특수치료 전문대학원 표현예술치료학과, 명지대 예술치료학과, 건국대 디자인대학원 무용·동작 치료학과, 순천향대 심리치료학과 등에서 배울 수 있다. 한국은 아직 무용 치료가 활발히 개척되지 않았지만, 외국에서는 급격히 발전하고 있다.

무용을 전공하는 대다수 학생들은 춤을 좋아하고, 춤추는 직업을 가지기를 원한다. 그러나 정년이 보장되는 국공립무용단에 취업하는 일은 쉽지 않다. 도시마다 국공립무용단이 있으나 경쟁이 치열하다. 춤은 무대 예술이기에 외모조차 중요한 경쟁력이다. 안무가의 길도 마찬가지로 쉽지 않다. 그러나 '창조'를 중요한 가치로 생각하는 무용수라면 승패를 떠나 안무가의 길에 인생을 걸어볼만하다.

세계로 안목을 넓힌다면 더 많은 기회가 있다. 수많은 한국무용수들이 세계의 다양한 무용단에 취직한다. 어릴 때 조기 유학을 가기도 하지만 한국에서 대학을 졸업한 뒤 외국무용단의 오디션을 보는 경우도 있다. 현대무용은 다양성과 개성을 중요하게 생각하므로 외국인을 선호하기도 한다. 해외에서 활동하는 한국무용수들은 〈세계를 빛낸 한국의 무용수들〉이라는 기획 공연에 초대되어 고국 무대에서 기량을 뽐내기도 한다.

　오늘날, 춤은 다양한 분야로 확장되고 있다. 병원과 연계한 춤 프로그램이 진행되기도 하고, 장애인과 더불어 작품을 만들기도 한다. 춤은 몸뿐 아니라 정신과도 맞닿아 있어 춤이 사회에 이바지할 방법은 무궁무진하다. 미개척 분야이기에 기발하고 참신한 콘텐츠가 개발된다면 춤과 관련된 새로운 직업들이 더 많아질 것이다.

무용수가 가장 아름다운 나이, 서른

　무용수가 가장 아름다운 나이는 서른 즈음이다. 테크닉은 어릴 때 배울수록 좋으므로 춤은 테크닉을 중요시하는 발레부터 시작한다. 보통은 뼈와 근육의 성장이 왕성한 7세 전후에 춤을 처음 배운다. 이 시기에도 감정 표현을 흉내 낼 수는 있지만, 내면의 울림을 전하기는 아직 어리다. 15~17살이 되면 고난도의 기술을 어느 정도 소화한다. 근육의 탄력도 좋고 호흡도 강하기에 춤을 오래 추거나 점프를 높이 해도 지치지 않는다. 스무 살이 되기 전의 무용수들을 채용하는 외국 발레단도 있다. 그들은 프로 무용수 생활을 일찍 시작하기에 정년도 이르다. 한국의 유명한 발레리나인 강수진처럼 오래 발레를 하는 일은 드물다. 발레리나들은 마흔 즈음 되면 직업 전환을 시도한다. 그러나 아무리 어린 나이에 발레단에 들어갔다고 해도 춤이 무르익는 나이는 여전히 서른 즈음이다. 발레는 테크닉이 중요하다고 하나 표현보다 테크닉을 가치 있게 취급하지는 않는다. 완벽한 테크닉을 바탕으로

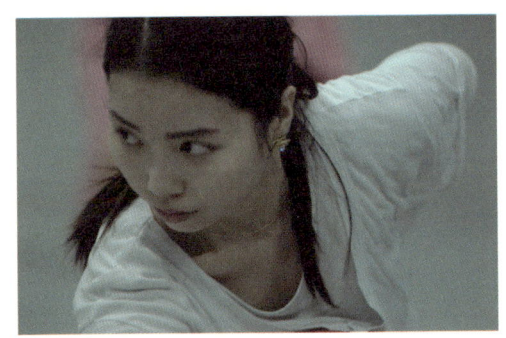

나와 함께 작업한 무용수들

깊은 감정을 표현해낼 수 있을 때 관객은 박수를 보낸다.

무용가들은 이구동성으로 현대무용이나 한국 창작 무용은 서른이 넘어야 제대로 춤을 출 수 있다고 말한다. 특히 현대무용은 기술만큼이나 개성이 중요해서 자기 개성을 완전히 드러낼 수 있는 나이가 되어야 춤꾼으로 인정받는다. 현대무용은 무용수와 안무가가 공동으로 작업하는 경우가 많다. 안무가는 무용수에게 어떤 주제를 던져주고 스스로 동작을 만들게 한다. 이 작업은 나이가 어린 무용수들에게는 부담이다. 콘셉트를 주고 무엇을 만든다는 것 자체가 이미 창작이나 마찬가지이기 때문이다.

현대무용 안무가들은 뚜렷한 목표 의식이 있고, 이미 안무가들과 작업한 경험이 많은 노련한 무용수를 선호한다. 유럽의 현대무용단들은 채용 조건에 서른 이상의 무용수라고 명시하기도 한다. 안무가들은 어린 무용수들과 작업하기가 어렵다고 말한다. 표현력을 비롯하여 연륜과 경험에서 비롯된 무용수의 다양한 능력이 작품의 완성도와 직결되기 때문이다. 현대무용은 개성을 가진 무용수들로부터 아이디어를 얻어 작품을 만들기에 테크닉을 중요하게 보지 않는다. 지나친 테크닉이 오히려 작품을 망칠 수도 있다. 이를테면 발레로 다져진 무용수가 현대무용을 할 경우, 편하게 걸어보라고 하면 발가락에 힘을 주고 포인트를 하는 발레의 걸음걸이로 걷는다. 이렇게 테크닉이 습관으로 변하면 개성을 살리기가 어렵다.

전통 춤도 마찬가지다. 전통 춤은 나이를 먹어야 표현이 제대로 나온다. 곰삭힌 연륜이 테크닉을 어우를 때 춤은 멋을 드러낸다. 익을수록 더 맛있는 된장이나 간장처럼, 무용수가 무대에서 보낸 세월이 길수록 깊은 맛이 우러난다. 춤에 따라 조금씩 다르지만, 전통무용가는 50세 정도부터 맛을 낼줄 아는 춤꾼이 된다.

춤은 기술과 표현이 적절하게 어우러져야 한다. 무대 경험이 없고 연륜이 짧은 무용수들은 관객과의 소통에 약할 수밖에 없다. 경험이 짧으면 아무래도 본인만 의식하는 경우가 많다. 그들은 주위를 살피는 데 어려움을 겪는다. 춤은 소통이다. 관객이 무용수를 볼 때 무용수도 관객을 보아야 한다. 관객과 무용수는 에너지를 교감한다. 노련한 무용수가 무대에 서면 관객의 상황이 몸으로 전달된다. 무용수는 관객의 눈이 무용수의 어디를 보고 있는지도 안다. 관객은 무용수로부터 섬뜩한 느낌을 받거나 빨려 들어가는 기분을 느끼기도 한다. 노련한 무용수의 무대 경험과 감정 표현은 가르칠 수 있는 종류의 것이 아니라 시간에서 나오는 것이다. 수없이 해봐야 하고 느껴야만 할 수 있다. 노련한 무용수들은 관객의 시선을 즐긴다. 관객이 의식하는 부분을 더 강렬하게 표현한다. 관객의 입에 웃음이 번지면 무용수는 쾌감을 얻는다. 서른 즈음이면 소통을 안다. 관객의 마음을 읽고 자기표현에 자기가 빨려든다. 서른은 춤꾼으로 좋은 나이다.

춤을
직업으로 삼기

 춤이 직업인 사람은 행복하다. 몸을 매일 움직이니 건강에도 좋고 아름다운 몸매를 유지할 수도 있다. 게다가 좋아하는 춤으로 돈도 벌 수 있으니 행복하지 않을 수 없다. 직업 무용단의 무용수가 되려면 대학의 무용과를 졸업하고 무용단체에 오디션을 보아야 한다. 무용인들이 가장 선호하는 단체는 국립·시립·도립무용단이다. 이런 무용단에 취직하면 준공무원이 된다. 그러나 국공립 단체의 무용수로 취직하기는 몹시 어렵다. 무용단은 정원이 정해져 있어 기존의 단원이 그만두지 않으면 새로운 무용수를 잘 채용하지 않는다. 요즘은 취업난이 심각한 만큼 일단 취업을 하면 그만두는 단원은 거의 없다.

 국공립무용단에는 전통 춤을 포함한 한국무용, 현대무용, 발레 단체들이 있다. 그 중 한국무용 단체가 가장 많다. 한국무용은 국립·시립·도립뿐 아니라 구 단위까지도 무용단이 있어서 한국무용 전공자들은 취업이 쉬운 편이다. 반면 발레나 현대무용은 무용단이 몇 개밖에 없어 취업난이 심각하다. 발레는 국립발레단과 광주발레단 외에는 민간단체들이다. 민간단체로는 서울 발레 시어터와 유니버설 발레단과 같은 법인 단체를 비롯하여 이원국 발레단처럼 개인이 경영하는 발레단도 있다. 현대무용은 국립현대무용단과

연습실에서

〈흥부〉 연습 중

대구현대무용단 외에는 모두 소규모의 개인 단체들이다. 현대무용은 개인 단체들이 수도 없이 많다.

한국무용은 무용수의 생명이 길다. 젊어서는 창작을 하고 나이가 들면 전통춤을 추기에 춤을 오래 출 수 있는 이점이 있다. 발레는 고난도의 테크닉을 구사하기에 나이가 들면 육체적으로 힘이 든다. 현대무용을 전공하는 무용수들도 근육 훈련을 많이 하므로 무용수로서의 생명이 길지 않지만, 육체를 많이 쓰지 않는 쪽으로 창의적인 작품을 만들면 나이가 들어도 작품을 충분히 소화할 수 있다. 독일의 무용가 피나 바우쉬가 이끄는 부퍼탈탄츠 시어터 무용단에는 고령의 무용수도 몇 명 있다.

무용수로 취업하려면 다양한 심사를 받는다. 춤 실력만으로 무용수를 채용하지 않는다. 무용수의 타고난 끼와 외형은 심사에서 대단히 중요하다. 춤은 무대 예술이기에 외모와 체형은 어쩔 수 없이 채용 조건이 된다. 특히 한국무용과 발레는 외모와 체형을 중요하게 생각한다. 춤 실력은 채용 후 계속 훈련을 하면 되지만 체격 조건은 바꿀 수 없기 때문이다. 현대무용은 개성이 중요하기에 한국무용단이나 발레단처럼 채용 조건으로 외모를 중요하게 생각하지는 않는다. 용모나 춤 실력이 우수한 학생들은 국공립 단체를 최고의 직장으로 생각한다. 매년 수많은 무용수가 직업 무용단에 들어가려고 도전한다.

국립현대무용단은 작품마다 오디션을 통해 무용수를 기간제로 채용한다. 기간제 무용수로 지내다가 실력을 인정받으면 정단원이 되기도 한다. 정단원은 숫자가 적다. 한국무용단이나 발레단의 단원이 되려면 연수 단원 기간을 거친다. 연수 단원으로 채용되어 1~3년의 인턴 과정을 거치면 정단원이 된다. 물론 연수 단원으로 채용되었다고 모두 정단원이 되는 것은 아니다. 매년 연수 기간이 끝나면 연수 단원 열 명 중 한두 명 정도만 정단원이 된다. 연수 단원은 매년 오디션을 보고, 정단원은 일이 년 마다 오디션을 봐서 실력을 평가한다. 이 오디션을 통해 보여준 실력에 따라 월급이 결정된다. 국공립무용단에 연수 단원으로 채용되기도 쉽지 않은데 정단원까지 된다면 무용수로서는 대단한 성공이다. 어렵게 취업을 하기에 그들은 대부분 정년까지 한 직장을 고수한다.

무용수의 월급은 단체마다 차이가 있지만, 초봉은 120~150만 원 정도다. 나이가 들고 수석 무용수가 되면 월급이 좀 오른다. 주연급 무용수는 월급이 제법 많다. 공연 때마다 수당이 나오고 준공무원이라 다양한 혜택들이 있다. 연금을 비롯하여 아이들의 학비 지원과 직책 수당 등 여러 혜택도 있다. 다른 직장에 비해 월급이 많은 건 아니지만, 무대에서 춤도 추고, 돈을 벌면서 아름다움도 유지할 수 있으니 멋진 직업이다.

국립무용단에서의 나날

 국립무용단의 무용수가 되는 것은 내 어린 시절의 꿈이었다. 요즘도 국립무용단에 입단하기가 어렵지만 그때도 쉽지는 않았다. 당시 스튜어디스는 남성들이 배우자감으로 꼽는 최고의 직업이었는데 국립무용단의 무용수 역시 그 못지않게 배우자감으로 선호하던 직업이었다. 당시 국립무용단에 채용된 무용수들의 절반 정도는 2~4년 정도 활동하다가 결혼과 동시에 직장을 그만두었다. 남편은 돈을 벌고 아내는 가정을 지키던 시대였다. 1985년 국립무용단 채용 인원이 열두 명이었으니 요즘에 비하면 많은 인원이다. 그 당시에는 각 대학교에서 두세 명은 국립무용단에 들어갔다. 요즘에는 일 년에 한 명 정단원이 되기도 어렵다.

 국립무용단에서 첫 월급을 받았던 기억은 아직도 생생하다. 누런 봉투를 열어보니 14만 원이 들어있었다. 토요일마다 상설 공연이 있었는데 공연이 끝나면 수당으로 만 원을 주었다. 월급과 수당 외에 부수입은 없었다. 요즘에는 공연도 많아졌고 수당도 많아졌다. 나이에 따라 월급이 정해지던 예전과는 달리 지금은 실력이 중요하다. 주역이나 수석 무용수에게 주는 직책 수당도 다른 무용수들과 차이가 커졌다. 당시 나는 춤에 미쳐있던 무용수로서 춤을 추고 돈을 받았으니 그 기쁨이 이루 말할 수가 없었다. 월급날은 금방 다가왔고 일 년은 순식간에 가버렸다.

　무용수의 생활은 단순하다. 정해진 연습 시간이 있는 요즘과는 달리, 당시의 국립무용단은 공연이 없으면 단장의 재량에 따라 오전 연습만 하고 집에 가기도 했다. 공연이 없는 시기에는 여유로웠다. 아침에 출근해서 몸을 풀고 기본 연습을 두 시간 정도 하고 점심을 먹은 뒤 부분 연습을 하거나 작품 연습을 한다. 몸을 움직이고 난 뒤 먹는 점심은 꿀맛이다. 세 시면 퇴근을 했으니 편한 직장이었다. 기량 향상을 위해 몇몇 무용수들은 이른 아침부터 출근해서 연습하거나 늦게까지 남아서 연습하기도 했다.

　정기 공연 연습이 시작되면 무용단에는 활기가 넘친다. 본격적인 연습이 시작되고 무용수들이 캐스팅을 기다리는 동안 무용단에는 긴장감이 돈다. 입단한 지 얼마 안 되는

⟨Being 신데렐라⟩ (2010)

본다
서로 본다
서로 보면서 '타자'를 본다
여자들의 유희다

〈나례〉 (2010)

〈흥부〉 (2011)

제비들이 돌아왔다
제비들이 되돌아 왔다
날개를 퍼덕이고 목을 희번덕거리면서
강남 갔던 제비가 돌아왔다

단원이나 나이가 많은 무용수들은 누가 캐스팅될 것인지 궁금해 하고 서른 안팎의 무용수들은 자신이 주인공으로 캐스팅될지도 모르기에 마음이 설렌다. 단장의 눈빛이 누구로 향하는지 훔쳐보면서 쑥덕거리기도 한다. 캐스팅이 결정되면 분주해진다. 저녁 늦게까지 연습을 하며 최고의 무대를 만들기 위해 최선을 다한다.

국립무용단은 해외 공연도 하지만 지방 공연이나 서울 시민들을 위한 공연도 자주 한다. 당시에는 주로 국립 극장에서 시민을 위한 공연을 했지만, 요새는 전국 각지의 공연장으로 찾아가는 공연이 많다. 해외 공연과 지방 공연은 즐거운 여행과 같다. 연습실에서 수년간 매일 몸을 부딪치고 함께 식사하던 동료들과의 출장은 즐거운 외유다. 무용수들은 지방 공연이 끝나고 뒤풀이를 하면서 끈끈한 우정을 쌓는다. 1년에 한두 번 해외 공연도 간다. 여행이 어렵던 시절에는 해외 공연이 복권 당첨 같았다. 이틀에 한 번 짐을 싸서 이동하는 힘든 일정이라 지치기도 하지만 여행을 좋아하는 무용수들에게는 행복이다. 여행도 하고 공연도 하니 일석이조다. 힘든 일정으로 공연하지만 마지막 날엔 관광 일정이 있었다. 피로에 지친 무용수들은 관광 나가기를 싫어하기도 했지만 대부분은 관광을 즐겼다.

무용단에서 1년은 순간이다. 1, 2월이 가장 한가하고 3월부터 바빠진다. 5월에 해외 공연을 가고 가을에 정기 공연을 하면 일 년이 금방 지나간다. 해외 공연은 한 달 연습하고 한 달 동안 공연을 한다. 정기 공연은 두 달 정도 연습하고 3~4일 공연한다.

오늘날 국립무용단은 그 규모가 예전과는 현저히 다르다. 무용수들의 기량은 세계적 수준이고 공연 횟수도 많다. 뿐만 아니라 무용단은 글로벌화되어 외국 안무가를 초청하여 작품을 만들기도 하는 등 획기적인 변신을 추구하고 있다. 발전하는 국립무용단을 보면서 단원이었던 지난날을 회상하면 뿌듯한 마음마저 든다.

들풀 같은 삶, 독립안무가

한국에 외국 무용이 들어온 지 50년이 지났다. 대학에 무용과가 1962년에 생겼고, 칠팔십 년대부터 대학을 중심으로 무용 단체가 창단되었다. 1990년대 이후부터는 대학 무용단에서 활동하다가 과감하게 나와서 자기 길을 선택한 무용가들이 나타났는데, 이들이 바로 독립안무가다. 독립안무가라는 타이틀을 달려면 적어도 자기 작품을 몇 개는 만들어야 하고 중소 극장에서 독립적으로 안무한 경험이 여러 번 있어야 한다.

독립안무가는 무용수 생활을 거친 사람들이 대부분이다. 대학을 졸업한 뒤에도 춤을 계속 추고 싶으면 소규모 무용단을 전전하거나 친구들 몇 명이 모여서 서로 품앗이를 하며 무용수 생활을 이어간다. 입소문이나 친구 소개로 공연에 참여하기도 한다. 소규모 무용단에서 공연을 하면 공연비를 받지만 거의 차비 정도에 불과하다. 10년 정도 바쁘게 춤을 추며 생활하다 보면, 젊은 안무가로 성장한다. 무용수로 어느 정도 경험을 쌓고 안무에 관심이 생기면 소극장에서 자기 작품을 시작한다. 처음에는 자기 호주머니를 털어서 공연을 준비한다. 무대에 서는 무용수는 주로 친구나 선후배들이다.

〈페미타지 I〉(2002)

아이를 안은 여자
고통이고 한숨이며 기쁨이다
오열을 넘어 희열로 가는 중간이다

습실에서

　독립안무가가 경제적으로 여유가 있어 자기 연습실을 가진 경우는 드물다. 대부분의 안무가는 연습실을 월세로 임대해서 사용한다. 예전에는 춤을 추는 사람 중에 상류층 가정의 자녀들이 많았으나 요즘에는 중류층이나 오히려 집안 사정이 어려운 무용가도 많다. 아직도 춤이라는 장르를 여자들의 직업으로 인식하는 경향이 있다. 사실 무용수들은 경제적으로 풍족해지기가 어려워서 남자 무용수들은 경제적 문제 때문에 춤은 취미로 생각하고 직업으로 잘 선택하지 않는다.
　독립안무가가 공연을 원하면, 지원 신청을 먼저 한다. 공연이 채택되면, 연습실을 빌리고, 무용수를 모집하여 공연 연습에 돌입한다. 일종의 헤쳐 모여 식의 프로젝트 방식이다. 공연은 가족이나 친구들에게 먼저 보여준다.

안무가로 조금 성장하고 극장에서 주최하는 기획 공연에 초대되면 일반 관객들과 만난다. 처음에는 10분에서 30분 정도의 짧은 작품을 만들면서 경험을 쌓고, 안무가로 성장하면 큰 작품에 도전한다. 경제적 어려움을 견디면서 독립안무가로 성장하는 일은 쉽지 않다. 독립안무가란 춤이 인생의 전부이거나, 다른 직업을 선택할 능력이 없거나, 또는 승부욕이 강하여 오기로 오래 버틴 사람에게 주어지는 타이틀인지도 모르겠다.

눈을 감고 안으로 들어갔다
안으로, 더 안으로 들어간 곳에서
나 자신을 만났다
춤쟁이의 외로움이 웅크리고 있었다

⟨Being 신데렐라⟩ (2010)

교수가 제자를 체계적으로 밀어주는 경우에는 그나마 독립안무가로 빨리 성장할 수 있다. 요즘에는 춤 축제들과 기획 공연들이 많아서 실력만 있으면 자기를 보여줄 기회가 많다. 독립안무가들은 불안을 마음속에 품고 자기를 실험 속으로 내몰면서 새로운 것들을 시도한다. 춤에 대한 강한 집착으로 자신에 대해 검증을 하는 동안은 힘이 들어도 열정으로 버틸 수 있다. 아무리 해도 끝이 보이지 않을 때는 힘들고 초조하다. 그런 좌절의 순간이 찾아오면 많은 독립안무가가 춤을 그만둔다. 그러나 그 시기를 견디면 새로운 길이 보이고 실력을 인정받는다. 들풀 같은 삶이 일상이 되고, 춤추면서 느끼는 희열이 마약처럼 느껴지면 춤은 평생의 직업이 된다. 그런 이들은 일생을 춤쟁이로 살아간다. 수많은 희열과 좌절을 반복하면서……

한국의 지원 제도

한국의 무용계는 정부 지원에 많은 부분을 의존한다. 한국 정부의 무용계 지원 제도는 프랑스나 영국 또는 캐나다 등의 선진국보다는 못하지만, 아르헨티나나 칠레 등 남미 국가와 비교하면 혜택이 많은 편이다. 다만 한국에는 무용수를 직접 지원하는 제도가 많지 않다. 무용 단체나 안무가가 지원을 받아서 무용수들에게 출연료를 주는 경우가 많다. 안무가들은 적은 지원금으로 공연비와 출연료를 감당해야 하므로 무용수들에게 충분한 출연료를 지급하기가 어렵다. 유럽의 선진국은 무용수들의 출연료가 한국의 서너 배나 된다. 그나마 출연료가 전혀 없는 남미에 비하면 한국은 적은 출연료나마 나오니 다행이다. 20년 전만 해도 출연료가 없어도 공연을 하고 싶어 하는 무용수들이 많았다. 요즘에는 학교 동호인 단체나 친구들끼리 품앗이를 하는 경우 외에는, 출연료가 없으면 출연하지 않는다.

유럽은 무용수의 실력에 따라 주급이 정해져 있는 편이다. 반면 한국은 주급으로 받지 않고 작품 마다 출연료를 받는다. 작품 마다 백만 원에서 이백만 원 정도를 받는데 이름이 있는 경우 좀 더 받는다. 공연 하나를 올리는데 두 달 정도 걸리므로 결국 한 달에 백만 원도 못 받는 셈이다. 한국에서 정부 지원금이란 대부분 작품을 만드는 데 쓸 비용을 말한다.

안무가가 문화예술위원회나 문화 재단 등에 지원 신청을 하면 심사를 거친 뒤 지원을 해준다. 대학교수는 기금 신청을 받지 않던 때도 있었으나 요즘에는 실력 위주로 지원 대상을 정해서 대학교수도 무조건 배제하지는 않는다. 지원금은 공연의 전액을 지원하는 것이 아니라 절반 정도로 지원한다. 나머지 반은 자기 호주머니에서 채운다. 그래서 안무가들이 공연을 하면 할수록 호주머니는 더 가벼워진다. 그러나 공연으로 쌓을 수 있는 경험 역시 다른 공연을 위한 준비 단계이므로 안무가들은 계속해서 공연을 한다.

지원을 받은 작품은 심사를 받는다. 공연이란 게 아무리 잘 만들려고 노력해도 생각처럼 되지 않는 경우가 많다. 평생 수작은 한두 편이라는 말도 있다. 마치 잭슨 폴락이 물감을 마구 뿌리다가 발견하는 우연한 결과처럼 좋은 작품은 느닷없이 나온다. 지원받은 작품이 잘 만들어지면 다행이지만, 작품이 지나치게 실험적이어서 심사위원들이 이해하기 어렵거나, 작품이 일정 수준을 넘지 못하면 다음 작품은 지원을 받기 어렵다.

나우무용단은 스스로 모든 것을 해내야 했다
긴 기다림의 시간이었다

작은 성취에도 큰 기쁨을 느꼈다

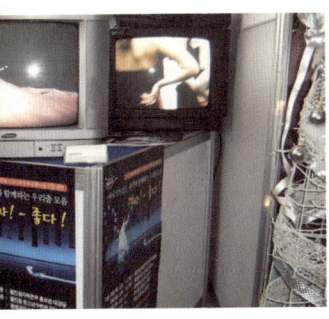

⟨Under the Roof⟩ (2008)

한국의 지원 제도는 여러 차례 변화했다. 한국에서 작품성을 인정받은 뒤 프랑스에서 박사 학위를 받고 돌아온 유능한 무용가 최데레사에게 지원금 1억 원이 주어졌던 적이 있다. 지원금은 대부분 5천만 원을 넘지 않는데, 당시 집중과 선택이라는 정부 지원 제도가 신설되어 소수의 작품만 받았던 혜택이었다. 그녀는 물론 잘 만들려고 노력했다. 그러나 실험적인 작품을 올리려고 좌충우돌하는 과정에서 정도를 벗어나고 말았다. 심사위원들뿐만 아니라 무용계의 질타는 대단했다. 마치 마녀사냥처럼 무서웠다. 소문은 부풀고 부풀어 지원금으로 옷을 사고 명품 가방을 샀다는 이야기까지 돌았다. 이후 이 예술가는 무용계를 떠났다. 참 안타까운 일이다.

한국은 한 예술가가 자기 작품을 다양한 각도에서 충분히 실험하도록 허락하지 않는다. 백 원을 주면 백 원 만큼의 결과를 원하는 지원 제도이기에 실험적인 작품보다 무난한 작품이 주로 공연된다. 예술이 수학 공식처럼 명확하면 좋겠다. 그러나 예술은 수많은 도전 속에서 이루어지고 오리무중 속에서 느닷없이 탄생한다. 좋은 작품은 오랜 기간 꾸준히 연구하고 다양하게 실험하는 과정에서 나온다.

한국무용계에서 가장 부족한 분야는 안무가 육성일 것이다. 세계적인 한국무용수는 있지만, 세계적인 한국 안무가는 아직 없다. 지원 제도가 원인이기도 하다. 재능이 있는 무용가가 있다면 약간 손해를 보더라도 밀어주어야 한다. 성급하게 결과만을 바라는 현재의 지원 제도로는 당분간 위대한 안무가의 탄생을 바라기 어렵지 않을까 싶다.

재능 있는 무용수가 왜 무용복을 벗었을까

 작품을 같이 했던 후배 무용수를 우연히 만나면 요새 무슨 작품 하냐는 질문을 하게 된다. 그러면 때로 그들은 "선생님 저 이제 춤 안 춰요"라고 답한다.

 "너처럼 멋진 무용수가 춤 안 추고 뭐 하는데?"

 "저 취직했어요. 먹고 살아야죠."

 "아……."

 그런 대답을 들을 때면 작은 탄식과 함께 가슴이 서늘해지는 것을 느낀다. 창작 작업을 하다보면 다양한 무용수들을 만난다. 젊고 재능 있는 무용수가 춤의 현장에서 사라지는 것을 보면 늘 안타깝다. 무용계를 떠나는 이유는 비슷하다. 경제적 여유도, 사람들의 관심도, 미래도 없는 곳에서 계속 걸어갈 용기가 없다는 것. 그들이 그렇게 말하면 나는 할 말이 없다. 재능과 감성을 두루 갖춘 무용수 한 명을 만드는 데 무척 많은 시간과 에너지가 든다. 무용수들의 경제 문제가 어느 정도 보장된다면 그들의 재능이 수많은 사람을 매료시킬 텐데 참 아쉽다.

아일랜드 프로젝트 포스터

사람들이 그들의 재능이 얼마나 귀한지 알아주면 좋겠다. 악기가 만들어내는 소리나 사람의 목소리가 천차만별의 색을 지닌 것과 마찬가지로, 무용수의 몸이 드러내는 몸짓도 이루 말할 수 없을 정도로 다양하다. 움직임의 무겁고 가벼운 정도, 강하고 약한 정도가 몸짓을 통해 드러난다. 이것을 에너지라고만 표현하기는 어렵다. 살아 움직이며 늘 요동치는 감성, 혈액, 호흡, 호르몬과도 관련이 있는 감정이나 변화무쌍한 고동 소리가 들릴 정도로 힘찬 육체나 비애에 젖은 몸의 흐름, 매일 상황에 따라 변하는 감정의 굴곡은 연습만으로 습득할 수 없는 종류의 것이다. 이런 끼 있는 무용수가 무용계에서 사라질 때, 아까운 재능도 함께 묻혀버린다.

연습실에서

정부의 관심 속에서 한국 영화계도 성장하고 케이팝도 세계적 수준으로 위상이 높아졌다. 그러나 아직 무용계는 여전히 사람들의 관심 밖에 있다. 얼마 전 세계적으로 유명한 벨기에 무용단 피핑톰의 공연을 보면서 우리나라도 조금만 투자하면 저런 세계적인 안무가들이 속속 나올 거라는 생각을 했다. 벨기에에서 세계적인 안무가들이 탄생하기 시작한 것은 최근의 일이다. 2000년대부터 벨기에 안무가들이 서서히 세계무용계의 중심으로 떠올랐다. 일단 벨기에가 무용계의 주목을 받자 재능 있는 세계의 무용가들이 속속 이 작은 나라로 향했다. 한국의 무용가들도 벨기에에서 작업을 많이 한다.

최근 젊은 무용가 중 재능이 특출난 이들이 제법 있다. 정부는 그들에게 아주 약간의 재정적 지원만 한다. 경제 문제뿐 아니라 그들의 실력도 체계적으로 지원해 준다면 작은 나라 한국에서도 세계적 안무가가 속출하지 않을까 싶다.

한국무용계는 누가 관심을 가지든 가지지 않든 뚜벅뚜벅 제 길을 걸었던, 몇 안 되는 춤꾼들에 의해서 조금씩 성장했다. 거침없이 자기 길을 걸어갔던 어려운 시대의 무용가들이었다. 이제 그들에게만 무용계의 미래를 맡겨서는 안 된다. 한국도 전략이 필요하다. 무용가들이 자신의 귀한 재능을 버리지 않아도 되기를 기대한다. 무용가들도 한류열풍에 충분히 동참할 수 있다. 정부의 문화 정책과 전략을 바탕으로 재능 있는 춤꾼들이 쉽게 포기하지 않고 무용계에서 끝까지 살아남기를 바란다.

서울의 춤 공연장

　서울에는 춤 공연장이 부족하다. 서울 인구와 비교하면 공연장 자체가 턱없이 적다. 대학로의 아르코 대극장과 소극장, 대학로 대극장과 소극장, 예술의 전당 안에 있는 토월극장과 자유 소극장, 국립국악원 예악당과 우면당, LG 아트센터, 서강대 메리홀, M극장, 포스트 극장, 꿈꾸는 공작소, 두리춤터 등에서 춤 공연을 주로 한다. 아르코 대·소극장과 몇몇 소극장 외에는 춤 공연이 전체 공연의 50% 미만이다. 대부분의 공연장은 뮤지컬, 음악, 연극 공연으로 가득하다. 춤은 다른 공연에 밀려 공연할 장소를 찾기가 어렵다. 대학로의 극장이나 예술의 전당 내의 극장 등 잘 알려진 극장에서 공연하려면 치열한 경쟁을 거쳐야 한다. 개인 무용단은 거의 공연하기 어렵다. 기획 공연이나 외국 무용단의 공연 위주로 선정되기 때문이다. 개인 무용단은 변두리의 작은 소극장이나 대학 주변에 있는 극장 문을 두드려야 한다.

1970년대만 해도 춤 공연을 즐기는 관객들이 많았다. 춤 공연은 신문에서 자주 기사화되기도 했다. 요즘에는 무용 전문 잡지 외에 춤 기사를 보기 어렵다. 그만큼 다른 볼거리가 많아졌고, 춤 공연은 소외되고 있다.

1980년대에는 세종문화회관 대극장과 소극장에서도 자주 춤 공연이 있었다. 요즘은 대극장에서 춤 공연을 보기가 어렵다. 대극장을 채울만한 관객이 없기 때문이다. 2000년 초에 예술의 전당 자유 소극장은 마치 춤 전용 극장처럼 공연이 많았다. 이제 자유 소극장도 연극 공연에 밀려 기획 공연이나 국립현대무용단의 공연이 아니면 올리기 어렵다. 다행히 대학로에 있는 아르코 극장은 무용가들이 무용 전용 극장으로 사수하고 있지만, 그마저도 점점 어려워지고 있다.

무용가들에 의해 경영되는 포스트 극장, M극장, 두리춤터 등은 춤 전용 극장이다. 그런데 이 극장들은 규모가 작고 접근성이 떨어져 일반인들이 찾기가 쉽지 않다. 관객들의 부재로 경제적 어려움을 겪고 있지만, 극장을 경영하는 무용가들이 호주머니를 털어 근근이 극장을 운영하고 있다. 일반 관객들은 이들 소극장의 실험적인 공연을 잘 모른다. 서울에서 상연되는 수많은 공연에 가려진, 작은 소극장의 이름 모를 공연에 누가 오겠는가. 소극장에서 공연하는 안무가들은 친구들에게 공연 소식을 알리고 적극적으로 관객을 유치하려 애쓰지만, 그 작은 소극장조차 채우지 못하는 경우가 많다. 소극장은 젊은 춤꾼들의 실험 무대다. 관객은 없지만 그 열기만큼은 대단하다.

LG 아트센터는 한국의 무용가들을 위한 공연장은 아니다. 외국 무용단을 초청하여 기획 공연을 하는 곳이다. 한국의 무용가들에게 있어 LG 아트센터는 철의 장막이다. 공연장의 콘셉트 자체가 외국 단체를 초청하여 공연하는 곳이니 달리 투정을 부릴 근거가 없다.

국립국악원의 공연장들은 전통적인 공연만 올리기 때문에 독립안무가들의 공연 장소로 거론조차 되지 않는다. 국립극장은 국립 단체들의 공연만으로도 바쁘기에 무용 공연은 거의 하지 않는다. 한국의 안무가들이 서울의 극장 중 대극장이나 유명한 공연장에서 춤 공연을 올리기는 어렵다는 이야기다.

발레 공연이나 LG 아트센터의 외국 현대무용단 공연에는 일반 관객이 많다. 광고 효과 때문인지 공연 문화가 하나의 트렌드로 자리한 것인지는 잘 모르겠다. 그러나 관객들이 춤 공연장을 찾기 시작했다는 것만으로도 대단한 성과다. 관객들이 대중적이고 유명한 공연들을 보기 시작했다면, 언젠가는 작은 소극장에서 벌어지는 실험적인 공연에도 관심을 가지지 않겠느냐는 기대를 해본다. 그런 희망을 품고 무용가들은 오늘도 새 작품을 만든다.

세계무용 시장의
변화 속에서

 1960년대 미국은 실험 정신으로 들끓었다. 머스 커닝엄, 스티브 팩스톤, 트리샤 브라운 등 유명한 안무가들의 공연이 뉴욕에서 이루어졌다. 1980년대로 들어서면서 독일의 피나 바우쉬가 두각을 드러냈고, 그 뒤로 유럽 무용계가 주목을 받기 시작했다. 2000년대 사샤 발츠를 시작으로 유럽 무용계는 수많은 안무가를 탄생시켰다. 각국의 탄탄한 지원과 지지는 세계의 무용가들을 유럽으로 향하게 했다. 특히, 유럽의 작은 나라 벨기에가 춤의 중심으로 떠올랐다. 전통과 현대가 자연스럽게 교차하고 있고, 삶의 곳곳에 예술이 존재하는 나라가 벨기에다. 겉으로 보기에는 작고 복잡해 보이지만, 그 속을 들여다보면 엣지한 모습이 그대로 드러나는 나라다.

〈아바타 처용 II〉 (2003)

유럽의 안무가들은 주로 독일과 벨기에, 프랑스를 중심으로 활동하고 있다. 벨기에의 유명한 안무가들은 안느 테레사드 케이르스마커가 이끄는 로사스 무용단, 빔 반데키부스가 이끄는 울티마 베즈 무용단, 시디 라르비 셰르카위가 이끄는세 드 라베 무용단, 안무가와 무용수들이 함께 작품을 만드는 피핑톰 무용단 등에서 활약 중이고, 유명 안무가 얀 파브르도 벨기에를 중심으로 활동하고 있다.

영국에는 호페쉬 쉑터 무용단, 로이드 뉴슨이 이끄는 DV8, 아크람 칸이 이끄는 아크람 칸 무용단이 유명하다. 독일은 윌리엄 포사이드, 사샤 발츠, 콘스탄자 마커르스, 한스 반 마넨 등이 여전히 자신의 작품 세계를 선보이고 있고, 네덜란드 댄스 시어터에서 완성도 높은 작품을 다수 만든 체코 출신의 안무가 이리 킬리안도 빼놓을 수 없는 일급 안무가이다.

프랑스 역시 마기 마랭, 앙줄랭 프렐조카주, 호세 몽탈보 등 기라성 같은 안무가들이 포진하고 있다. 이스라엘의 오하드 나하린이 이끄는 바체바 무용단, 그리고 요즘 서서히 세계적 인기를 얻고 있는 노르웨이의 카르테 블랑세 무용단도 주목할 만하다.

유럽의 여러 나라 중 가장 많은 안무가를 배출한 나라는 단연 벨기에다. 안느 테레사 드 케이르스마커와 빔 반데키부스의 작품이 2000년 초에 세계무용 시장을 뒤흔들자 세계의 무용인들은 벨기에를 주의 깊게 봤다. 벨기에 정부는 무용에 전폭적인 투자를 했다. 30~40년 전만 해도 벨기에는 세계 무용시장에서 이름도 없던 곳이다. 자본이 투자되면서 예술은 싹을 틔우기 시작했다.

세계의 무용가들은 무용수로 활동하거나 또 안느 테레사

드 케이르스마커가 운영하는 예술 학교에서 수학하기 위해서 벨기에로 모였다. 벨기에에서 공부한 무용수들이 독립해 새로운 무용단들을 만들면서 벨기에 무용계는 그 계파를 넓혀갔다.

미국이 추구하는 개념 예술이나 미니멀리즘에서 벗어나, 유럽은 열정적이고 그로테스크하며 감성적인 작품에 도전하기도 하고 창의력의 극치라고 할 정도로 다양한 스타일의 춤을 실험했다. 그것은 유럽을 뒤흔든 현대무용가 피나 바우쉬와 마리 뷔그만 식의 컨템포러리 댄스로부터 이어진 전통이다. 유럽의 안무가들은 이상하고 신기하며 드라마틱한 것을 추구했다.

미국의 무용 시장은 순식간에 허허벌판으로 변했다. 60년대, 실험 정신으로 들끓었던 뉴욕은 무용가들을 하나씩 유럽에 빼앗겼다. 지금 미국은 고난도로 테크니컬한 필로보러스나 마크 모리스가 대세이거나, 발레로 다시 돌아가고 있다. 미국의 무용가들은 안정적인 보수가 보장되는 유럽에서 주로 활동 중이다. 미국뿐 아니라 아시아 여러 나라의 무용수들도 벨기에나 독일, 프랑스에서 활동 중이다. 정훈목, 김판선, 황환희, 허성임, 김나영, 김남경, 김예지를 비롯하여 한국의 무용가들도 유럽에서 활동한다.

유럽의 각 무용단은 각자 독특함을 지니고 있다. 움직임의 근원을 찾는 작업을 하는 무용단은 윌리엄 포사이드, 호페쉬 섹터, 바체바 무용단 등이고, 그로테스크함의 극치를 이루는 무용단은 울티마 베즈, 세 드 라베 등이다.

한동안 유럽의 무용단들은 춤을 배제하기도 했다. 볼만한 춤은 다 봤다고 여겼고, 춤을 추지 않고 연극을 하거나 아이디어만으로 작품을 내기도 했다. 그러나 근래에는 휴머니티를

〈아바타 처용 I〉 (2003)

바탕으로 감성적이거나 연극적인 춤 작품을 내는 단체들이 부상하고 있다. 이스라엘의 향수가 물씬 풍기는 바체바 무용단, 가족의 휴머니티를 되살리는 피핑톰 무용단, 내면의 깊이를 찾아 떠나는 호페쉬 쉑터 무용단 등이다.

무용단 마다 추구하는 움직임의 스타일도 제각각이다. 윌리엄 포사이드는 몸의 부분을 분절시켜 다양한 동작을 만들고, 호페쉬 쉑터 무용단은 호흡을 중심으로 유연하면서도 강하고 빠른 움직임에 강하며, 바체바 무용단은 부드러우면서도 특이한 동작을 만들기로 유명하다. 피핑톰 무용단은 움직임을 배제하면서 한 가지 주제를 깊이 파고드는 동작을 추구한다. 무용단은 움직임에 치중하여 작업하는 단체와 움직임을 배제하는 단체로 양분되는 추세다.

벨기에에서는 여전히 수많은 무용단이 활동하고 있다. 세계 투어도 왕성하게 하고 있으나 요 근래 지원 예산이 대폭 삭감되어 어려움을 겪고 있다. 무용가들뿐 아니라 예술가에게 주어지던 창작 지원금과 컴퍼니에 대한 지원도 줄어들었다. 네덜란드 역시 문화 예산을 대폭 삭감하며 국가를 대표하는 네덜란드 댄스 시어터의 예산을 함께 줄였다. 유럽의 경제 위기가 춤 시장에도 영향을 끼치는 듯하다. 한편 세계 무용 시장의 후발 주자인 북유럽은 최근에 조용히 부상하고 있다. 핀란드, 노르웨이, 스웨덴 등에서 안무가들과 춤 단체들이 꿈틀거린다. 국가의 안정적인 지원을 토대로 조금씩 부상하고 있는 이들 나라의 무용 시장은 관객들을 기대하게 한다. 세계 경제가 동양으로 기우는 현상을 보면서 언젠가 중국과 한국의 안무가들이 세계 투어를 하는 날이 오지 않겠느냐는 생각도 해본다.

뉴욕의
춤 공연장

　뉴욕의 밤은 활기로 넘친다. 파티가 끊이지 않고 하룻밤 동안 열리는 공연은 수도 없이 많다. 허드슨 강에서 불어오는 시원한 바람에 머리카락을 날리며 공연을 보러가는 건 뉴욕 생활에서 빼놓을 수 없는 즐거움이다. 뉴욕에 살 때, 일주일에 공연 한두 편은 꼭 관람했다. 뉴욕의 극장들은 공연의 성격에 따라 공연장이 정해져 있다. 춤 공연을 주로 하는 극장은 DTW, 조이스 극장, BAM, 링컨 센터, 뉴욕 시티 센터, 세인트 마크 처치, 키친 시어터, 무브먼트 리서치, 조이스 소호 등이다. 뉴욕의 공연장들은 한국의 춤 공연장과는 달리 극장의 콘셉트가 명확하다. 그만큼 기획이 탄탄하다는 의미이다. 차별화된 극장들은 주로 고정 관객들이 객석을 지킨다. 관객들은 극장의 콘셉트를 의심하지 않는다. 극장도 관객을 실망시키지 않는다.

발레 공연은 링컨 센터나 뉴욕 시티 센터와 같이 큰 극장에서 공연하는데, 한국도 마찬가지지만 발레는 대중적이라 관객도 많은 편이고 공연료도 비싸다. 가족 단위의 부유층이 선호하는 공연이라 다운타운의 히피 무용가들은 그 극장 근처에 얼씬도 하지 않는다. 18번가에 있는 조이스 극장은 주로 테크니컬한 공연들이 무대에 올랐는데, 관객의 40% 정도가 노인들이었다. 그들은 고정 관객들로 공연 예매가 시작되면 그들이 선호하는 좌석을 예약하려고 앞다투어 줄을 섰다. 길고 긴 줄은 뉴욕의 밤 풍경이다. 클럽이나 공연장 또는 유명한 음식점 앞에 서 있는 줄은 보기만 해도 흥분되고 기분이 좋다.

현대무용 공연장은 18번가에 있는 DTW가 유명하다. 대체로 유럽이나 미국 평론가들이 검증한 실험적인 공연들이 올랐다. 중소 단체 위주의 흥미로운 공연들이 많기에 객석은 늘 만원이다. 관객들은 DTW를 이끌었던 기획자 겸 디렉터인 데이비드 화이트의 감각을 믿었다. 뉴욕의 관객들은 극장의 유명도도 중요하게 생각하지만 디렉터의 감각을 믿고 공연을 선택하는 경우도 많다. DTW는 공연 문화 종사자들이 주 관객이었다. 노인들은 많이 보이지 않았으나 멋을 아는 몇몇 노인들은 이 극장을 즐겨 찾았다.

DTW의 무대에서 성장한 안무가는 좀 더 큰 극장인 BAM으로 간다. 피나 바우쉬나 네덜란드 댄스 시어터처럼 유명한 무용단은 브루클린에 위치한 BAM의 단골 공연 단체다. 이 극장은 멋을 아는 뉴요커들이 선호하는 공연장으로 그들의 대화 주제로 자주 오르내리는, 꼭 봐야 하는 공연이 올랐다. 여기서 공연했다는 그 자체만으로도 성공한 단체로 여겨지고, 대부분의 공연은 신문에 평이 올랐다. BAM 극장은 도시 개발 프로젝트의 하나로 선택되어 재건축으로 성공한 케이스다. 극장이 새로 정비되자 범죄 소굴 같았던 극장의 주변마저도 변화했다.

가장 실험적인 공연은 키친 시어터에서 한다. 공간 자체가 이동식이기에 공연의 성질에 따라 공연장의 콘셉트가 바뀌기도 한다. 독특하고 과격한데다가 가끔 이해하기 어려울 정도로 실험적이라 자주 가지는 않았다. 14번가에 있는 세인트 마크 처치는 저렴한 무용 공연들이 무대에 올랐으나 제대로 된 공연을 접하기는 어려웠다. 1960년대 세계무용계를 이끌었던 실험의 장으로 유명한 공연장인 저드슨 처치는 4번가에 있는데 무료 공연이 자주 펼쳐졌다. 외국 단체들이 뉴욕에서 공연장을 잡지 못하면 이 극장에서 공연하기도 했다. 운이 좋으면 아주 좋은 공연을 무료로 볼 수도 있었다.

　멤버십 제도가 잘되어 있는 뉴욕의 극장들은 반 정도가 고정 관객이다. 티켓 요금의 40% 정도를 할인해주는 멤버십 제도가 극장마다 상당히 잘 정비되어 있다. 예약 문화를 우선시하는 뉴욕 시민들은 시즌이 시작되면 좋은 자리를 확보하기 위해 예약 티켓 오픈 시간을 기다리며 긴 줄을 선다. 검증된 극장일수록 티켓을 사기가 더 어려웠다. 80% 정도는 예약 티켓으로 나가고 나머지는 현장 판매를 한다. 입소문이 난 공연의 경우, 현장 판매는 금방 끝나버린다. 뉴욕의 티켓은 주로 입소문으로 팔린다. 공연을 보러 다니는 고정 관객들은 귀를 쫑긋거리며 공연에 대한 좋은 정보를 수집한다. 뉴욕타임스나 빌리지 보이스의 데보라 조엣과 엘리자베스 짐머의 비평은 공연 티켓 판매율을 결정할 정도로 강력하다. 작은 섬인 맨해튼에서는 좋은 공연을 보지 못하면 파티의 대화에 참여할 수 없을 정도다. 뉴욕에서 공연은 삶의 중심에 있다. 문화를 모르는 사람은 뉴요커로 인정하지 않으려는 시민들의 긍지는 티켓을 매진시키는 데 일익을 담당한다.

나의 삶

무용의 이해

나의 직업

관계와 감동

춤의 저변에 대해서

춤추며 사는 삶

 포스트 극장으로 오랜만에 공연을 보러 갔다. 홍대 근처에 있는 춤 전용 소극장이다. 한국예술종합학교에서 강의할 때 가르쳤던 김한송의 공연이 있었다. 젊은 무용가의 작품 성향도 알고 싶고 제자의 신작이 궁금하기도 했다. 공연장은 열기로 후끈거렸다. 소극장은 무용수들의 숨소리까지 들을 수 있어 색다른 재미가 있다. 공연이 시작되자 공연장은 긴장으로 숙연해졌다. 무대에 낯익은 얼굴들이 보였다. 박송이와 이진주다. 독립안무가로 활동할 때 더불어 작업했던 나우 무용단의 단원들로, 테크닉과 표현력이 남다른 춤꾼들이다. 연습실에서 매일 보던 얼굴이라 반갑기 그지없었다.

 첫 장면에서는 네 명의 무용수가 흰옷을 입고 천진난만한 놀이를 한다. 한참 놀던 무용수들은 어느덧 무대 뒤 벽 앞에 섰다. 그들은 어깨를 올리고 잔뜩 긴장하고 있다. 그들의 앞에 길고 무거운 판자가 놓여 있다. 한 무용수가 판자를 어깨에 걸치며 양팔을 판자에 얹고 고개를 숙였다. 다른 무용수들도 차례로 따라 했다. 판자를 어깨에 걸친 상태에서 한 명씩 흰옷을 벗고 검은 슈트로 갈아입었다. 무용수들은 고개를 숙이고 객석을 향해 힘겹게 걸었다. 판자의 무게 때문에 비틀거리기도 하고 넘어지기도 했다. 그 장면은 길게 이어졌다. 긴 판자는 '춤추며 사는 삶'이라는 의미를 내포하고 있는 듯 했다. 여러 가지 춤이 이어서 펼쳐졌다.

 절대로 배신하지 않을 것이라고 여겼던 어린 시절 친구들이 하나씩 긴 판자를 내려놓고 부(富)를 향해 홀린 듯 걸어간다. 마치 핑크 플로이드의 음악에 맞춰 군대식 걸음걸이로 행진하던 영화의 한 장면이 연상되었다. 한 사람씩 판자를 내려놓을 때마다 남은 무용수들의 불안은 배가 된다. 결국, 세 명의 친구가 모두 판자를 버렸다. 김한송 한 명만 남았다. 네 명이 들 때도 비틀거리며 들었던 길고 무거운 판자를 한 명의 무용수가 들었으니 그 무게감이 오죽하랴. 김한송은 사시나무 떨듯이 비틀거리며 그 판자를 부여잡고 있었다. 그녀의 눈은 타는듯한 분노와 절망으로 흔들거렸다. 무대에서 그녀가 뿜어내는 에너지는 굉장했다. 그녀는 십자가를 짊어진 예수와 같은 모습으로 객석을 향해 판자를 메고 걸어왔다. 섬뜩한 느낌이 들었다.

연습실에서

김한송도 한 때 나우무용단에서 단원으로 활동했다. 그녀는 연극적 표현에 능했고 춤을 매력적으로 추었다. 보기 드문 춤꾼이다. 안무가로서 늘 그녀의 춤에 빨려 들어가는 느낌을 받고는 했다. 이번 작품에서도 예외는 아니었다. 그녀의 근육은 분노를 표현하느라 긴장했고 눈빛은 관객의 숨을 멈추게 했다. 감정을 드러내기 위해 솜털까지 곤두서 있는 모양이었다. 소극장이기 때문에 그녀의 감정이 더 강하게 다가왔다.

춤 공연은 이야기가 단순하다. 단순한 이야기를 몸으로 어떻게 표현하느냐에 따라 작품이 달라진다. 춤 공연은 다양한 구성과 화려한 움직임도 중요하지만, 감정 표현이 가장 강렬한 인상으로 남는다. 관객이 다 아는 쉬운 내용이라도 무용수가 어떻게 표현하느냐에 따라 작품이 달라진다. 안무가가 작품을 못 만들어도 무용수가 잘 표현하면 그 작품은 새로운 힘을 얻는다.

공연을 보고 찬바람을 맞으며 길을 걸었다. 좁은 실험 극장에서 온갖 끼를 발산하며 춤추던 무용수들의 열정이 전해졌다. 그들의 열정이 찬바람을 녹였다. 무용수들은 무대에서 감정을 토하고 난 뒤의 희열을 뒤풀이에서 만끽하고 있겠지. 삶에서 응어리진 열정을 무대에서 해소하는 젊은 춤꾼들의 땀에 가슴이 훈훈했다.

자애로운 스승, 정재만

 2014년 7월 15일 정재만 선생님이 교통사고로 영면하셨다. 2014년에는 유독 남성 무용가들이 저세상으로 많이 떠났다. 전통무용가이자 전 서울시립무용단 단장이었던 임이조, 창작 무용가이자 전 대전시립무용단 단장이었던 한상근에 이어 중요무형문화재 제27호, 승무 인간문화재이신 정재만 선생님이 차례로 세상을 떠났다. 한 분은 과로와 감기로 병원을 찾았다가 폐렴으로 돌아가셨고, 다른 분은 고혈압 때문에 돌아가셨다. 정재만 선생님은 교통사고였다. 백 세까지 장수하리라 믿었던 그분의 느닷없는 죽음은 내 삶을 돌아보게 했다. 그는 존경받는 무용가의 길을 걷고 있었다. 그런 그가 돌아오지 않을 길로 떠났다. 스승을 보내는 날, 수많은 제자가 함께했다. 제자들은 슬픔으로 오열했고, 믿을 수 없는 사실 앞에 넋을 잃었다.

잊을 수 없는 스승과의 추억을 되새겨본다. 나는 대학 4학년 때 무용협회가 주최하는 신인 무용콩쿠르에서 〈승무〉로 상을 받았다. 그 때는 내가 실력이 좋아서 상을 받은 줄 알았다. 무용계 몸담은 지 어언 30년이 되어, 지난 세월을 돌아보니, 그 상은 스승의 도움이 없었다면 결코 받을 수 없었던 상이었다. "팔에 힘을 좀 빼란 말이야"라며 당신 손으로 내 팔을 흔들면서 춤을 가르쳐주셨던 분. 국립무용단에 입단하고 삼 년간 새벽 여섯 시 삼십 분이면 그분의 연습실에서 스승과 제자들이 더불어 춤 연습을 했다. 그 세대들이 대부분 그렇듯이 선생님도 근면과 성실이 몸에 스며 있었다. 바쁜 와중에도 연습실을 지키셨던 분, 유명을 달리하시던 날도 바쁜 하루였던 모양이다. 군산에서 춤을 가르치고 대전으로 가던 중, 제자의 차 안에서 깊은 잠에 빠져 있었다고 한다. 남길 말이 얼마나 많았을까?

대학 강단에서 정년퇴직을 하고 본격적으로 무용가의 삶을 시작하려던 시기였다. 부지런히 전국을 다니면서 새로운 각오로 남은 삶을 준비하시던 스승, 가르치고 공연하는 일을 큰 행복으로 여기셨기에, 늘 걸음도 빨랐고 부지런하셨다. 춤으로 다져진 스승의 몸은 나이를 가늠하기 어려울 정도로 건강하셨다. 정년퇴직 후에 아침 연습은 시들해졌다. 교수는 직장을 떠나는 순간, 권력과 사람을 잃는다. 스승은 아마도 초조하셨을 것이다. 새벽에 항상 스무 명도 넘는 제자와 연습을 같이 하고는 했었는데, 돌아가시기 전날의 연습에는 겨우 세 명의 제자가 나왔다고 한다. 선생님은 텅 빈 연습실에서 제자 셋을 지도하면서 무슨 생각을 했을까? 선생님은 지방에서 더 인기를 얻고 계셨기에 자주 지방으로 다니셨다. 안전을 위해 차 대신 항상 전철이나 기차를 이용하시던 분이다. 운명은 알 수 없다.

선생님을 마지막으로 가까이서 본 건 2013년 가을이다. 그 작은 추억이 없었다면 아마 더 많이 후회했을 것이다. 전북도립무용단 예술감독을 뽑는 자리에 선생님이 심사위원으로 오셨다. 오랜만의 만남이라 매우 반가웠다. 연락도 잘 안 하는 몹쓸 제자다. 이런저런 대화를 나눴다. 심사가 끝나고 집으로 돌아가는 길, 효도 좀 제대로 하겠다고 선언하고 기차표며 음식을 대접했다. 그 작은 대접에 스승은 흐뭇해 하셨다. 제자들이 차례로 국공립무용단의 예술감독으로 선임되니 마음이 얼마나 뿌듯하셨을까? 나이 든 제자들이 성공하면 자식이 그렇게 되는 것과 같은 느낌이 들겠지. 살갑게 다가가지 못했지만, 나이를 먹는 스승이 애잔했다. 좋은 자리에 가면 더 잘 해드려야겠다고 생각했지만, 시간은 기다려 주지 않았다.

자판기 커피와
클레어

1995년 뉴욕의 1월은 길고 지루했다. 현대무용을 배우러 여러 스튜디오를 전전하던 중 게시판에 붙어 있는 오디션 공고를 보고 참가했다. 어려운 테크닉을 잘 소화하는 무용수를 찾는 오디션이었기에 한국무용 전공자인 나에게는 어려웠다. 당연히 떨어졌다. 새로운 안무법에 눈을 뜨던 시기에 기술적인 부분에만 포커스가 가 있는 오디션을 보았으니 떨어지는 것은 당연했다. 당시 춤이란 무엇인지에 대한 원초적인 의문이 많았다. 그러던 중 컬럼비아 대학 안무 강사인 클레어 포터가 전국 대학 콩쿠르 참여자 공고를 냈기에 나도 신청했다. 연습 첫날 이스라엘과 스위스, 그리고 미국 학생 몇 명이 모였다. 그녀는 학생들에게 일방적으로 지시하지 않고 공동 작업에 가깝게 작품을 만들었다. 그녀는 자기 생각을 필기해 왔고, 무용수들과 다양한 실험을 하는 과정을 통해 작품을 만들었다.

허드슨 강에서 불어오는 칼바람을 맞으며 학교 연습실로 향하던 겨울 방학은 그리 유쾌하지는 않았다. 연습 둘째 날에는 첫날에 왔던 학생이 몇 명 빠졌고 몇 명이 새로 왔다. 셋째 날에도 처음 온 사람과 빠진 사람이 있었다. 클레어는 전혀 불편한 기색 없이 매번 필기한 아이디어를 보면서 학생들과 즐겁게 실험했다. 참가자의 숫자는 점점 줄어들었다. 결국, 어느 날부터 나 혼자만 남았다. 클레어는 할 수 없이 작품을 솔로 춤으로 바꾸었다.

클레어는 고민을 많이 했다. 처음에 필기한 아이디어를 실험했으나, 그녀가 원하는 안무의 방향과 한국무용을 전공한 나의 움직임이 잘 맞지 않았기 때문이다. 고심하던 그녀는 어느 날 나에게 내가 추고 싶은 춤을 그냥 마음대로 춰보라고 주문했다. 나는 움직였고, 그녀는 구경했다. 내가 추는 춤 속에서 그녀는 그림을 찾았다. 그리고 찾은 그림들을 이러저리 배열했다. 콘셉트와 구성이 결정되었다. 언어 소통이 잘 안 되는 동양인의 어려움을 주제로 작품이 완성되었다. 그 작품은 대학 콩쿠르에서 운 좋게 상을 받았다. 작품 〈내 말이 부츠라면If my words were boots〉은 그렇게 탄생됐다. 이후 이삼 년간 다운타운과 소도시에서 그 작품으로 공연했다. 공연하러 다니면서 클레어와 나는 끈끈한 스승과 제자 사이가 됐다.

컬럼비아 대학 학우들과

클레어와 내가 공연하러 다니던 중 하루는 자판기 커피가 마시고 싶었다. 클레어에게 커피 두 잔을 사오겠다고 했더니 그녀는 "왜 내 커피를 네가 사니? 나 돈 있어"라고 말하며 정색했다. 스승과 커피를 마실 때, 당연히 제자가 돈을 낼 수 있다고 여겼던 나는 그 말에 기분이 조금 상했다. 고작 커피 한 잔을 거부하는 그녀의 태도에 놀랐다. 그녀의 반응을 지금도 완전히 이해할 수는 없지만, 한편으로는 커피 한 잔도 제자에게 얻어먹지 않는 깔끔한 그녀의 행동이 인상 깊었다. 이후 그 기억은 오래도록 강렬하게 남았다.

비슷한 일은 또 있었다. 다운타운의 한 공연장에서 공연을 해달라는 연락이 와서 공연장으로 향했다. 마침 클레어도 공연하는 날이었다. 공연장 근처에서 큰 가방 두 개를 양쪽 어깨에 하나씩 걸치고 걸어가는 그녀와 마주쳤다. 작은 가방 한 개만 들고 있던 나는, 스승을 대우하는 의미에서 가방 하나는 내가 들겠다고 제안했다. 그러자 그녀는 또 정색하며 "내 물건인데 왜 네가 드니?"라며 거절했다. 양쪽 어깨에 큰 가방을 하나씩 걸친 그녀와 달랑 작은 가방 하나를 든 나는 한참을 걸어 공연장에 도착했다. 나는 같이 걷는 내내 마음이 미안했으나 그녀는 아무렇지도 않은 표정이었다.

한국으로 돌아와 서울 예술단 무용 감독으로 재직할 때, 단원들이 "감독님 우유 사주세요"라며 애정 어린 투정을 했다. 한국에서는 당연히 있을 법한 풍경이다. 나는 "너희도 월급 받는데 왜 나한테 우유를 사달라고 하니?"라며 나도 모르게 정색을 했다. 단원들은 "저 감독 왜 저래?"라는 표정으로 나를 봤다. 그것은 마치 클레어에게 내가 했던 행동과 그녀가 내게 보여준 반응이 연상되는 순간이었다. 클레어에 대한 깊은 감명을 받았던 나로서는 단원들의 반응을 당시에 이해할 수 없었다.

미국에서 돌아온 지 십여 년이 지난 요즘에는 생각이 달라졌다. 한국 사정에 맞춰 제자를 향한 애정으로 우유를 사주며 슬쩍 넘어가는 위트를 발휘할 것이다. 가까이 다가오려는 단원들의 행동을 보듬는 여유가 얼마나 아름다운지 이제 안다. 그러나 클레어의 행동을 본받으려 했던 내 생각이 그저 짧았고, 애정으로 단원을 감싸는 것만이 옳은지는 여전히 의문이다. 커피 사건과 짐 사건은 오랜 시간 동안 내 마음속에 인상 깊게 남아 있었다. 처음에는 클레어가 커피 한 잔도 나누지 않는 정 없는 사람이라는 생각도 들었지만, 작은 것이라도 제자에게 부담을 주어서는 안 된다고 생각하는 그녀를 이해하고 나니 그녀의 사고방식이 좋아졌다.

오십이 훨씬 넘은 나이에도 왕성하게 무대를 지키는 그녀는 나에게 존경의 대상이다. 이후 그녀와 나는 스승과 제자의 관계를 넘어 친구에 가까운 사이가 되었고 오랜 기간 그녀와의 인연을 이어갔다. 어른이고 스승이라서 존경했던 게 아니라, 그녀의 능력과 당당함에 나는 고개를 숙였다.

인내가
작품을 만든다

춤을 구성하는 방법은 다양하다. 안무가마다 자기 나름대로 노하우가 있다. 《안무법》이라는 책에 이런저런 방법들이 나오지만, 안무를 책에서 배우기는 어렵다. 안무는 여러 안무가나 무용수와 작업을 하는 과정에서 배운다. 나는 뉴욕의 컬럼비아 대학원에서 클레어 포터로부터 안무 수업을 받았다. 이후 클레어가 맨해튼의 다운타운에서 워크숍을 하면 꼭 신청해서 들었고, 이후 클레어의 무용수로 활동하면서 자연스럽게 안무법을 터득했다.

클레어 포터는 수학과 출신이다. 나이가 든 뒤부터 춤을 추기 시작했고 춤을 추면서부터 안무를 했다고 한다. 그녀의 노트에는 다양한 공식들이 있었다. 그 공식은 그녀만 이해할 수 있었다. 그녀는 무용수들과 안무를 하는 과정 중에도 노트에 기호들을 빼곡히 적었다. 그녀는 늘 무용수들을 지켜보았다. 주제를 던져주고 무용수들이 동작 만드는 과정을 보면서 안무가 나아갈 방향을 정하기도 했다. 무용수들은 움직임을 만들고 클레어는 그 움직임들을 어떻게 안무에 활용할지를 생각하고 노트에 적었다.

춤쟁이는 타고 난다
김병화는 끼가 넘치는 춤쟁이다
오랜기간 그녀와 작업을 같이 했다
멋진 안무가가 되어
자신의 이야기를 무대에 올리면
나는 그녀의 첫 관객이고 싶다

클레어와 만나기 전에 나는 무용수 모두에게 움직임을 만들어주었다. 그런데 무용수들에게 움직임을 하나하나 만들어주니 한계가 많았다. 특히 군무처럼 구성이 복잡한 안무를 만들 때, 개인 모두에게 동작을 만들어주기가 무척 어려웠다.

 클레어와 작업을 하고 난 뒤로 나 역시 무용수들에게 춤을 스스로 만들게 하고 무용수들이 움직임을 만드는 과정을 지켜보았지만 원하는 동작이 나오지 않으면 답답했다. 안무는 시간과의 다툼이기에 무용수가 움직임을 만드는 데 오랜 시간이 걸리면 기다리지 못하고 그냥 만들어주고는 했다.

 아일랜드 무용단과 협동 작업을 할 때 나의 무용수였던 리스는 나에게 "인영, 내가 움직임을 끝까지 만들 수 있게 시간을 충분히 줘. 그럼 아주 독특한 결과가 나올 거야"라면서 나의 성급함을 꼬집었다. 내가 그녀에게 시간이 없는데 어떻게 기다리느냐고 했더니 그녀는 "끝까지 무용수를 믿고 기다려주면 원하는 움직임을 얻게 된다"라고 대답했다.

연습실에서

〈위무〉(2007)

그녀는 영국의 유명한 안무가와 작업했던 경험을 말해주었다. 그 안무가는 무용수들이 독특한 움직임을 만들어 낼 수 있도록 다양한 방법으로 무용수들의 호기심을 자극했다고 한다. 포기하지 않고, 무용수의 가능성을 믿고, 끝까지 기다려주면 목적을 달성한다고 확신했다. 그녀가 말한 영국 안무가의 작품 영상을 봤다. 움직임이 그 자체로도 너무 재미있고 독특했다. 리스는 그 동작들이 모두 무용수들에게서 나왔다고 했다. 안무자가 끊임없이 상상의 세계를 열어주고 충동을 주었기에 동작 만드는 것이 즐거운 유희였다고 한다.

창작은 곧바로 나오기도 하지만 끝없는 실험을 통해서 탄생하기도 한다. 실험을 하는 과정에서 우연히 좋은 움직임이나 작품의 소스들이 나온다. 어떤 날은 우연한 운이 따르지 않을 때도 있다. 이런 날은 온종일 작업해도 별 소득 없이 연습이 끝난다. 머리를 아무리 써도 안 될 때면 실험하던 것을 포기하고 다른 것을 시도한다. 그러나 작품을 몇 개 만들고 안무가 뭔지 대략 이해할 때쯤 터득한 것은, 포기하지 않고 끝까지 파고들었을 때 비로소 작품이 탄생한다는 것이다. 집중이다. 처음에 잘 안 되는 것은 당연하다. 비록 작고 소소한 소스라도 뒤적거리고, 생각하고, 다시 돌려보다 보면 묘하게도 무언가가 보인다. 끊임없이 생각하고 다시 파고드는 과정에서 작품은 탄생한다.

창작은 어렵다. 그러나 요행을 바라지 않고 끝없이 시도하는 것이 중요하다. 집중하고 계속 시도하다 보면 느닷없이 좋은 동작이 튀어나온다. 그때 느끼는 희열은 말로 표현하기 어렵다. 그 희열 때문에 무용가는 작품을 만들고 또 공연을 올린다.

랄프 새뮤얼슨,
그는 문화를 이끄는 사람이었다

　뉴욕에서 랄프 새뮤얼슨을 만난 것은 행운이었다. 록펠러 재단에서 아시아의 예술가들을 위하여 장학금을 준다는 정보를 입수했다. 나보다 앞서 록펠러 재단의 수혜를 받았던 박일규 교수의 추천서를 들고 재단의 문을 두드렸다. 랄프는 뉴욕 중심가에 있는 록펠러 재단 아시아 지원 센터의 디렉터였다. 영어도 서툴고 모든 게 두렵기만 했던 나는 그와의 대화가 기억도 나지 않을 정도로 긴장했다. 그는 온화한 웃음으로 나를 맞이했다. 인상이 부드럽고 눈이 예리한 유대인 아저씨였다. 그는 아시아인에 대해 잘 알았다. 랄프는 긴장한 나의 말문을 열어주려고 록펠러 재단에 대하여 친절하게 설명해주었다. 당시에는 정확하게 이해할 수 없었으나 이후에 랄프를 비롯하여 재단 쪽 수혜자들과 자주 만나면서 재단에 대하여 더 많이 알게 되었다.

록펠러 재단은 민간 자선 단체로 미국의 석유왕 J.D 록펠러가 1913년에 설립했다. 미국에서는 카네기 재단이나 포드 재단만큼이나 잘 알려진 단체이다. 일반적으로 기아 근절, 인구 문제, 대학의 발전, 미국 국내의 기회균등 및 문화적 발전에 주로 기여하는데 당시 아시아나 아프리카 등의 신흥국에 대한 원조를 확대하고 있을 때여서 나도 혜택을 받을 수 있었다.

한국도 그렇지만, 미국인들은 면접을 특히 중요하게 생각한다. 사람을 뽑을 때는 미래 가치를 살펴보는 경우가 많다. 랄프는 유명인도 아니고, 작고 초라하며, 영어가 어눌해 더 듬거리는 한국의 무명 무용가인 나를 과감하게 선택했다. 그가 왜 나를 선택했는지는 모르겠다. 재단은 삼 년간 나를 지원했고 내게 많은 도움을 주었다.

당시 록펠러 재단을 거쳐 간 아시아의 예술가들은 수없이 많다. 이 재단은 아시아의 유명한 예술가가 6개월 정도 미국에서 연수할 수 있도록 지원한다. 간혹 석·박사 학위를 받기 위한 과정에 있는 이들도 지원했다. 랄프는 아시아의 예술가와 뉴욕의 예술가가 서로 교류하기를 원했다. 일 년에 한두 번 리셉션을 열어 예술가들의 만남을 주선했다. 랄프는 지원을 받은 사람이 공연이나 전시를 하면 우리 모두에게 연락하여 같이 공연이나 전시를 봤다. 당시 나는 사교적이지 못해 다른 아시아 예술가들과 사귈 좋은 기회를 적극적으로 활용하지 못했다. 재단은 리셉션 때 공연이나 전시를 기획했는데, 나는 랄프의 주선으로 록펠러 재단의 행사에서 여러 번 〈태평무〉를 추었다. 그는 태평무를 무척 좋아했다.

〈태평무〉(1992)

〈태평무〉 (2012)

랄프는 아시아인끼리 또는 아시아인과 미국인의 협동 작업이 자주 이루어지기를 원했다. 수혜자들은 그가 원하는 대로 협업을 통해 공연과 전시를 기획하고는 했는데, 나 역시 랄프의 소개로 일본의 창작 음악가와 즉흥 춤 공연을 했다. 언어 장벽이 조금씩 해소되어 가던 시기에 수혜자들과 공연을 보러 다니며 만났지만, 6개월이라는 짧은 기간 동안만 머무는 예술가가 많아서 친분은 길게 유지되지 않았다. 랄프는 록펠러 재단의 기금 수혜자들뿐 아니라 아시아인들이 뉴욕에서 공연하거나 활동할 수 있도록 다양한 도움을 주었다. 공연장을 찾지 못한 아시아의 공연들을 여러 극장에 소개시키기도 하고, 아시아의 유명한 예술가들이 방문하면 세미나를 열거나 파티를 주선하기도 했다.

랄프 새뮤얼슨이 아직도 록펠러 재단에 있는지는 잘 모른다. 한국으로 돌아온 후, 뉴욕을 방문할 때마다 그와 만나서 한국의 정치, 사회, 문화에 대하여 다양한 이야기들을 나누곤 했다. 그는 내가 도움을 요청하면 언제나 적극적으로

〈태평무〉(1992)

도왔다. 랄프는 록펠러 재단 출신의 아시아인들과 유대 관계를 가지라고 여러 차례 조언했다. 랄프의 주선으로 몇 번 공동 작업의 가능성을 살펴보았지만, 분야가 다르고 특별한 친분이 없으니 공동 작업이 쉽지 않았다.

지금은 연락이 끊겨 그가 어떻게 지내는지 잘 모른다. 다시 뉴욕에 간다면 꼭 찾아뵙고 그 감사함을 전하고 싶다. 자기가 후원을 결정한 예술가를 끝까지 책임지던 그의 자세에서 많은 것을 느꼈다. 경제적인 도움뿐 아니라, 마음의 지지와 관심도 중요하다는 것, 그는 그것을 실천한 사람이다. 랄프 새뮤얼슨은 아마도 나뿐만이 아니라 다른 많은 아시아 예술가들에게 도움을 주었을 것이다. 그는 자리만 채우는 디렉터가 아니라, 끝까지 예술가의 성장을 지켜보며 책임을 다했다. 그의 자세가 참 아름다웠다.

시대의 거장, 송범

몸은 뒤로 5도 정도 넘어져 있고 고개는 위로 살짝 들려 있다. 눈은 게슴츠레하게 닫혔으며 담배 연기는 오른쪽으로 또는 왼쪽으로 얼굴 주위에서 퍼지고 있다. 거의 환상에 젖은 표정이다. 상체가 미세하게 흐름을 타면서 움직인다. 가끔 담뱃재가 떨어지면 후다닥 몸을 바로 세워 재를 턴다. 몸을 다시 뒤로 젖힌다. 몽롱한 상태에서 고개를 조금 더 흔든다. 음악에 더 심취한 것 같다. 음악이 끝나자 몸을 똑바로 세우고 릴 테이프를 멈추더니 앞으로 되감으면서 "다시!"라고 외친다. 무용수들은 헉헉거리고 숨을 몰아쉬며 제자리로 돌아간다. 음악이 시작되고 똑같은 작품을 다시 한다. 벌써 서너 번 반복하고 있다.

국립무용단을 창단하고 단체를 20여 년간 이끄셨던 송범 단장님, 애증이 교차하는 분이다. 한국 경제계의 거장을 이병철과 정주영이라고 한다면 송범은 한국무용계의 거장 중 한 명이다. 그는 국수호, 정재만, 조흥동, 양성옥, 윤성주 등 오늘날 무용계를 대표하는 인물들을 가르쳤다. 십 년을 같이 보내지 않으면 무용수의 이름도 안 부르셨던 분, 철저하게 나의 것과 남의 것을 구분하셨던 분, 정부 정책에 무조건 따르기만 하던 '성공'한 사람이 송범 단장이다. 그의 정신력과 춤에 대한 사랑, 근면함과 성실함 등, 장점을 많이 가졌지만, 철저하게 자기 사람만 챙기는 모습과 지나친 욕심으로 지탄 또한 많이 받았다.

가족에 대한 극진한 사랑으로 늘그막에 고생도 하셨다. 자녀들의 잦은 사업 실패는 검소한 그분의 성품과 상관없이 욕심을 움트게 했다. 흉흉한 소문들도 많이 돌았다. 그러나 그의 뒷소문들과 상관없이 그의 가르침을 거친 대부분의 무용수는 그를 존경하고 사랑했다. 잔머리를 굴려서 정치를 하는 사람이 아니었다. 그의 창고에 조니워커가 수십 개 있다고 사람들이 수군거려도 그에게 돌을 던질 수는 없다. 그는 맥주도

두세 잔밖에 못 마시는 분이었다. 나이 들고 돈이 필요하여 창고에 쌓인 술을 내다 팔았다는 소문도 돌았다. 그러나 그런 모든 것들은 가족을 위해 가장으로서 했던 행동이다.

    무용단 생활이란 단순하다. 송범 단장님의 생활을 십여 년 본 제자들이 많기에 그에 대해서 모르는 사람은 없다. 외국 공연을 가면 식사를 같이 한다. 30~50명이 함께 식사하는데, 무용수들은 마음이 급하다. 송범 단장님의 식사가 먼저 나온다. 그가 밥을 먹고 담배를 피우려고 바깥으로 나가면 우리는 모두 대충 식사를 마무리하고 일어나야 했다. 그는 근면하고 성실했으며 뭐든지 빨랐다. 그는 대사관의 식사에 초대받는 것을 싫어했다. 대사관에서는 식사를 느리게 해야 하고, 식사 후에 담소와 여흥 등을 나누어야 한다며 불편해했다. 초대를 거절하고 싶으셨겠지만, 늘 긍정적인 분이라 거절하시지는 않았다. 선배 단원들은 눈치가 백 단이다. 어린 후배들이 좀 더 놀고 싶어 대사관 구경을 하느라 정신이 없을 때, 이미 선배들은 단장님의 눈치를 보면서 밖으로 한 명씩 나갔다. 어쩌다 눈치 없이 늦게 나오는 후배에게, 선배는 말없이 눈빛으로 슬쩍 눈치를 주곤 했다.

눈썹이 짙고 호랑이 같은 송범 단장님이 길러낸 무용가들은 대부분 정신력이 뛰어나다. 그들 모두는 숨이 끊어지기 직전까지 연습을 호되게 시키던 단장님에게 훈련되었다. 단장님의 훈련 방식은 '반복'이다. 반복은 무섭다. 머리로 기억하는 것이 아니고 몸이 기억하기에 자동인형처럼 저절로 움직인다. 반복은 오늘날 무용수들이 가장 싫어하는 단어일지도 모른다. 우리는 시키는 대로 무조건 따라야 했던 그 시대를 아픔으로 여긴다. 그러나 반복처럼 그 시대에만 가능하던 덕목은 재고해봐야 한다. 몸은 게으름 덩어리다. 그 게으른 몸을 습관적으로 움직이다 보면, 나중에는 움직이지 않으면 안 되는 상태가 된다. 운동 중독이라는 말도 있다. "다시!"를 외치던 송범 단장님은 저승으로 가셨지만, 그에게 훈련된 많은 무용가가 여전히 그와 같은 성실함을 바탕으로 무용계를 이끌고 있다.

춤 평론가, 베시 숀버그

1997년 6월 29일 조이스 극장은 애도의 물결로 출렁거렸다. 91세의 나이로 유명을 달리한, 무용가이자 비평가였던 베시 숀버그의 마지막 가는 길을 보려고 많은 무용가가 모였다. 장례식은 장중했다. 무용가들이 한 사람씩 무대에 올라가서 그녀와의 추억을 이야기했다. 그녀가 나를 알든 모르든 나도 그녀를 추모했다. 돌아가시기 전까지 왕성하게 활동했던 베시, 그녀는 진정으로 미국 무용계의 존경을 받았던 분이다. 머스 커닝엄과 베시 숀버그에 대한 미국 무용가들의 존경은 특별했다. 자기만의 세계를 가진 분에 대한 애정이었고, 한 분야에서 오랫동안 중심을 지켰던 인물에 대한 존경이었다.

베시와의 첫 만남은 보스턴에서 열렸던 전국 대학 무용

베시 손버그의 장례식 안내장

> A gathering for Bessie
>
> A celebration of a life well lived.
> Bessie Schönberg - 1906-1997
>
> Sunday, June 29, 1997 6-8pm
>
> The Joyce Theater
> 175 Eighth Avenue
>
> Reception to follow at Dance Theater Workshop
> 219 West 19th Street
>
> Please bring your thoughts, writings, photos and special mementos
> of Bessie to DTW to add to the Memory Board
> (All materials will go to the Bessie Schonberg archives.)
>
> RSVP to DTW - 691-6500

베시 손버그의 장례식 안내장

콩쿠르 본선 대회에서다. 호호백발의 꼬부랑 할머니가 심사 위원석에 앉아 있었다. 콩쿠르가 끝나고 수상자가 선정되자, 그녀는 무대로 올라가서 수상자 모두에게 심사평을 해주었다. 나도 그들 중 한 사람이었다. 그녀가 한 심사평을 아직도 잊을 수가 없다. 90살에 가깝던 노인의 심사평에는 수상자들에 대한 애정과 사랑이 넘쳐흘렀다.

단어 선택을 중시하는 영어권 사람답게 그녀의 심사평에는 단어 하나하나를 고민한 흔적이 있었다. 그녀는 하나하나의 단어에 진정성과 애정을 실어서 천천히 힘을 주면서 평을 해주었다. 그 평은 단점을 들추는 것이 아니라, 더 발전할 수 있는 가능성을 일러주는 희망의 메시지이자 실험 정신을 북돋우는 열정적인 평이었다. 그녀의 평은 그대로 신문 기사로 나왔다. 나는 그 기사를 아직도 보관하고 있다. 무용가들이 그녀에게 드러내던 존경과 애정은 대단했다. 나도 이후 그녀에 대한 기사가 나오면 늘 읽었다.

그 뒤에 춤 스튜디오 게시판에서 그녀의 워크숍 광고를 봤다. 뉴욕 춤 문화를 주도하는 극장인 댄스 시어터 워크숍(DTW)에서 진행하는 워크숍이었는데 그녀에 대한 좋은 기억 때문에 신청했다. 그때 나는 베시와 두 번째로 만났다.

그녀가 타개하기 전에 열렸던 마지막 워크숍이었다. 91세였던 그녀는 그 워크숍이 끝나고 몇 개월 뒤 타개했다. 당시 안무가들 십여 명이 참가해 10주 동안 진행했던 워크숍이다. 아직도 그때의 기억이 생생하다. 안무가들은 2주에 한 번씩 작품을 발표했고, 마지막에 완성된 작품을 공연했다. 허리는 약간 꼬부라지고 살점이 거의 없어 걷기조차 힘들어 보이던 그 백발의 노인 앞에서, 열 명이 넘는 안무가들과 그들의 작품에 출연한 스물여 명의 무용수들이 잘 들리지도 않는 그녀의 목소리를 들으려 신경을 곤두세웠다.

베시의 워크숍에 참여해서 만든 작품 〈Water Movers〉 (1996)

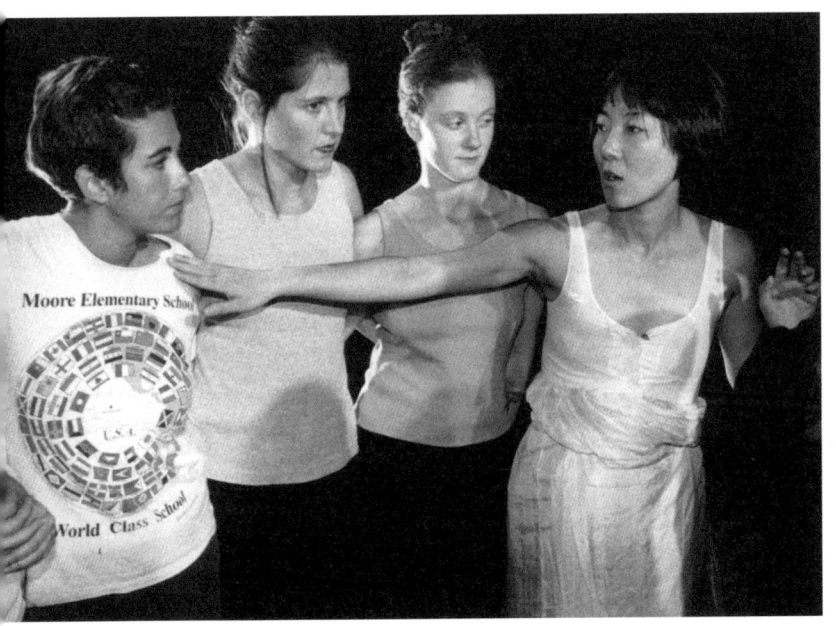

"안무는 극한 지점까지 모는 힘이 있어야 합니다."

그녀의 목소리는 작지만 정확했고, 느렸지만 파고드는 울림이 있었다. 몇 마디 안 되는 말이었지만 그녀의 말은 젊은 안무가들을 깨어나게 했고, 실험 정신을 북돋았다. 그녀는 춤이 나아가야 할 방향을 제시했으며, 창조적인 작업이란 것이 무엇인지 짧고 명료하게 말했다. 그녀는 과격했으며, 정열적이었고 '새로움'을 수도 없이 외쳤다. "더 돌아. 더더더더!"라고 외치며 무용수를 열정의 끝까지 치닫게 만들던 그녀의 안무법은 무섭도록 강렬했다. 그녀의 소리는 심장을 뛰게 했고, 의욕을 불러일으켰다. 뒷방 할머니나 다름없는 나이에도 무용가들로부터 존경을 받던 베시. 그녀는 영원 속으로 사라졌지만, 그녀에 대한 기억은 여전히 내 가슴 한편을 불태우고 있다.

나는 베시 같은 무용계 어른이 되기를 꿈꾼다. 앞으로 내가 어떻게 무용계에 남을지 모르지만, 젊은 안무가들에게 꿈과 희망을 주는 글을 써줄 수 있다면 좋겠다.

머스 커닝엄의 실험 정신

 피아노 소리가 은은하게 들린다. 허드슨 강이 내려다보이는 웨스트사이드의 넓은 스튜디오에서 다양한 인종의 사람이 춤을 배우고 있다. 한 사람이 왼쪽 통로로 걸어온다. 오른쪽으로 살짝 몸을 기울인 채, 빛바랜 밤색 가죽 가방을 들고 뒤뚱거리면서 걸어 들어오는 머스 커닝엄의 모습을 목격하는 것은 행운이다. 우스꽝스러울 정도로 뒤뚱거리던 그의 걷는 모습은 사진의 한 장면처럼 뚜렷하게 기억 속에 남아 있다. 뼈만 남아서 걷기조차 힘들 것 같은 앙상한 몸이었지만, 머스 커닝엄은 작은 발레 바에 몸을 의지해 다리를 뒤로 보내거나 상체를 좌우로 왔다 갔다 하는 정도의 소소한 동작들을 하곤 했다. 그냥 보기에도 춤이라기보다는 겨우 바에 몸을 기댄 채 버티고 서 있는 정도였지만, 한사코 몸을 움직이는 그를 보면서 의지를 실감했다.

1960년대를 풍미한 머스 커닝엄과 존 케이지는 예술계에 실험 정신을 불러일으킨 장본인들이다. 우드스탁에서 히피들이 들끓었다면, 뉴욕의 다운타운은 실험 정신으로 북적거렸다. 예술가들은 새로운 아이디어가 생기면 주저 없이 실행에 옮겼고, 뉴요커들은 새로운 것이 있으면 어디든 찾아가서 구경했다. 옷을 벗고 퍼포먼스를 하거나, 건물 옥상과 옥상을 연결한 공간에서 공연하기도 하고, 집단으로 뒹굴면서 즉흥 춤을 추기도 했다. 그 문화를 주도하는 사람 중에 머스 커닝엄과 존 케이지가 있었다. 그들은 생길 수 있는 모든 상황에 열려 있었고 아이디어가 떠오르면 무조건 실행에 옮겼다.

 1990년대 중반, 머스 커닝엄은 걷기 힘들 정도로 노쇠했지만 그의 실험 정신은 여전했다. 스튜디오에 다니던 학생들은 문틈으로 머스 커닝엄 무용단의 연습을 지켜봤다. 연습실은 음악 소리를 제외하면 늘 조용했다. 무용수들은 음악을 일일이 짚어가며 설명하는 그의 차분한 목소리를 놓치지 않으려고 귀를 쫑긋 세우곤 했다. 실험 정신이 강했던 커닝엄은 몸으로 만들 수 있는 가능한 모든 동작들을 시험해보고자 했다. 그의 실험 정신은 때로 무용수들을 다치게 했다. 이론적으로는 가능할 것 같은 움직임이지만, 그것을 직접 표현하는 데는 한계가 있었다. 그는 그 움직임이 불가능한 이유까지도 알고 싶어 했다. 무용수들은 늘 그의 실험 대상이었다. 무용수들이 잘 이해가 안 되는 점에 대해 질문하면, 그는 그 모든 질문에 신체 구조를 설명해 가면서 치밀하게 답했다.

커닝엄 스튜디오는 아주 체계적이었다. 실력이 좋은 피아니스트의 연주를 들으면서 춤을 배우는 건, 지금 생각해도 사치에 가까운 행복이다. 스튜디오의 강사들은 커닝엄 무용단을 거친 나이 든 무용수들이었다. 그들은 커닝엄에게 오랜 기간 몸의 구조와 움직임의 메커니즘을 배웠기에 학생들에게 신체에 대해 자주 설명해주었다. 나는 일본인 강사 한 분을 좋아했다. 그녀는 말로 설명하기보다는 자기가 직접 몸으로 보여주거나, 학생들의 몸을 자기 손으로 밀거나 당겨서 자세를 바르게 만들었다. 비뚤어진 몸은 살짝 밀거나 당기기만 해도 바른 자세로 돌아갔다. 몸에 대한 이해가 상당히 높은 사람이었다. 강사들은 스튜디오에서 배우는 학생들을 눈여겨보았다. 그들은 스튜디오에서 춤을 배우는 학생 중 우수한 이들을 채용했다. 커닝엄 무용단에 들어가려고 수업을 듣는 학생들이 많았다.

한국으로 돌아온 후, 미국의 오하이오 주립 대학에서 춤과 컴퓨터에 관한 콘퍼런스에 참석한 적이 있다. 당시 커닝엄은 컴퓨터로 안무하는 프로그램을 개발했다. 컴퓨터에서 안무를 실험한 다음 무용수에게 추게 하는 새로운 안무법이었다. 그 콘퍼런스에도 머스 커닝엄이 초대되었다. 그가 공연장의 문을 열고 들어오자 모든 무용인이 기립 박수로 그를 맞이했다. 휠체어에 탄 머스 커닝엄이 단상에 다다를 때까지 박수는 거의 십여 분 동안 계속 이어졌다. 그를 맞이하던 무용인들의 박수 안에는 뛰어난 일을 한 어른에 대한 존경과 그의 건강에 대한 우려가 담겨 있었다. 무용인들은 그가 아직도 살아 있고, 여전히 무용인들의 존경을 한몸에 받으며 건재함에 감사했다. 무용인들은 그의 정열에, 그의 예술성에, 그의 성실함에, 그의 실험 정신에 기립 박수를 쳤다. 현장에 있었던 나는 그 장면을 보면서 울컥거리는 감동으로 몸을 떨었다.

머스 커닝엄은 2009년에 타계했다. 그가 남긴 실험과 숙제는 나머지 무용가들의 몫이 되었다. 허드슨 강가의 멋진 스튜디오에 피아노 소리가 여전히 울리고 있는지 궁금하다.

가무악의 마지막 명인, 김수악

 김수악은 가무악의 마지막 세대다. 2009년에 작고하신 김수악 선생님은 권번에서 가무악을 제대로 배웠다. 가야금, 장고, 꽹과리, 소리, 춤 등 어지간한 건 다 잘하셨던 만능 예능인이다. 1992년 공연 준비를 위해, 선생님이 계시던 나의 고향 진주를 들락거리며 춤을 배웠다. 스스로 춤추는 것을 더 좋아하신 선생님은 가르치는 것을 그리 좋아하지 않으셨다. 배움은 선생님의 집 안방에서 이루어졌다. 전통적으로 춤을 배우고 가르치는 방식이다. 춤을 배우는 시간은 많지 않았다. 서울에서 진주까지 운전해서 내려갔는데 어느 날은 청소만 하고 올라오고, 어느 날은 밥 먹고 잠만 자고 오기도 했다. 공연 날은 다가오는데 별로 아는 것이 없어서 할 수 없이 비디오를 통해 순서를 외웠다. 그런데 아무리 봐도 이해할 수 없는 부분들이 있었다.

〈진주검무〉 (2006)

〈금일' 403〉 (2008)

어느 날 아침 선생님 집에서 잠을 자고 일어났는데 선생님께서 춤을 한 번 춰보라고 하셨다. 선생님은 마당을 향해 열려 있던 미닫이문 안을 힐끔힐끔 보면서, 밖에 선 채 연신 물을 바닥에 뿌리고 계셨다. 비디오를 보고 외운 순서대로 방안에서 혼자 춤을 추고 있는데 갑자기 선생님이 들어오시더니 "이건 말이야, 요렇게 해야 한다"라고 설명을 하며 시범을 보여주셨다. 그 순간 비디오로 아무리 봐도 이해할 수 없었던 부분을 한꺼번에 이해했다. 깨달음에 가까운 이해였다. 선생님은 두 가지 정도를 가르쳐 주셨는데, 그 특별한 가르침은 선생님의 춤을 이해하는 핵심이었다.

1993년 국립 극장 소극장에서 공연이 있던 날, 선생님은 나를 위해 진주에서 서울로 올라오셨다. 내 공연을 구경하기 위해서였다. 선생님은 리허설을 쓱 보시더니 본 공연 때 장구를 잡고 소리를 해주셨다. 계획되지 않은 협동 공연이 즉석에서 이루어졌다. 선생님은 그만큼 기분이 좋으셨다.

진정한 예인이었던 김수악 선생님과 함께했던 기억을 늘 가슴에 품고 있다. 그 뒤로 나는 미국 유학을 떠났고 선생님의 유명세는 더 치솟았다. 많은 무용가가 선생님에게 춤을 배웠으나 하나하나 세심하게 가르치는 분이 아니어서인지 선생님의 춤을 배운 제자들의 춤은 천차만별이다.

선생님은 작고하셨고, 이제 그 아까운 기예는 그녀와 함께 영원 속으로 묻혔다. 무용계에서 선생님의 제자를 말할 때 내 이름은 거론조차 되지 않는다. 그러나 나는 선생님을 내 가슴에 스승으로 품었다. 한국으로 돌아와 몇 번 선생님을 뵈었으나, 그동안의 세월 때문인지 나이 때문인지 아니면 제자가 워낙 많아서인지 선생님은 나를 알아보지 못했다. 그러나 내 가슴에는 그녀가 아련하고 가슴 뭉클한 추억으로 남아 있다. 가슴에 품고 있던 좋은 기억을 되살려, 2014년에 그녀의 춤에 대한 논문을 몇 편 쓰는 것으로 그녀에 대한 감사를 대신했다.

한국에서 스승과 제자의 관계는 가족과 같다. 제자가 스승을 극진히 모시는 경우가 많다. 특히 춤은 몸을 매개로 서로 배우고 가르쳐야 하기에 스승이 더 중요하다. 춤은 책으로 배우거나 인터넷으로 배울 수 없다. 몸에서 몸으로 전승되기에 스승의 가르침은 귀하다. 명절이나, 스승의 날이 되면 제자들은 스승을 챙기려고 바쁘다. 무언가를 싸들고 찾아가서 인사를 드린다. 그러면 스승은 흐뭇하다.

〈흥부〉 (2011)

단순한 것은 편하다
단순한 것에는 욕심이 없다
단순한 것이기에 미미하고 소소하다
단순한 것은 단순함만으로 힘이 있다

나는 습관적으로 뭔가를 싸들고 찾아가 인사하던 일을 오래전에 그만두었다. 마음으로 품을 수 있는 관계가 더 소중하다는 생각 때문이었다. 스승의 날에 누가 무언가를 들고 나를 찾아오는 것도 불편하다. 참 외로운 인간이다. 특별히 나를 보호해줄 스승이 없듯이, 나도 제자에게 살갑게 하지 않으니 나를 특별히 더 따르는 제자도 없다. 그러나 모셔야 할 스승은 마음속에 모시고 있고, 챙겨야 할 제자도 마음에 두었다. 언젠가 그들을 위해 뭔가 의미 있는 일을 하고 싶다는 막연한 생각을 한다.

추천사

장광열_춤 비평가
국제공연예술프로젝트 대표

문화체육관광부가 발간한 2014년 '공연 예술 실태 조사'에 따르면 전국 1,227개 공연장의 장르별 공연 실적에서 무용은 공연 건수에서 2.0%(2,475건), 공연 횟수에서 4.3%(5,226회)로 연극 양악 복합장르 국악 등에 이어 가장 낮은 수치를 보인다. 전국에 있는 300여 개의 문화예술회관 중 20퍼센트는 1년에 무용 공연을 한 번도 하지 않는다.

왜 공공 공연장에서조차 무용 공연은 이처럼 소외를 당하는 것일까? 공연장 종사자들의 입을 빌리면 "무용은 어렵다." "무용 공연은 관객 확보가 힘들다." "무용 공연을 하고 싶어도 어떤 작품이 좋은지, 어디로 연락을 해야 하는지 잘 모르겠다."라는 것이 그 이유다.

이처럼 무용은 일반 대중들과 멀리 떨어져 있다. 지방으로 갈수록 그 정도는 더욱 심해진다. 무용 관객을 확보하는 가장 확실한 방법은 어릴 때부터 자연스럽게 무용 공연을 보도록 하는 것이다. 한 번쯤 직접 무용을 해보는 체험을 하면 더욱 좋다. 그러면 그 문턱은 자연스럽게 낮아질 수 있다.

여기에 무용 공연을 즐겨 보는 마니아들이 많아진다면 그보다 더 좋은 처방은 없다. 세계 3대 무용 시장으로 불리는 뉴욕, 파리, 도쿄 역시 적지 않은 수의 무용 공연이 열림에도 매번 만원 관객을 유지할 수 있는 비결은 무용 마니아가 그만큼 많기 때문이다.

일반 대중들이 무용예술과 가까워지는 또 다른 방법은 무용에 친밀감을 느끼도록 만들어 주는 것이다. 무용수, 안무가 그리고 무용 공연에 얽힌 이야기, 무용 사회와 그 주변의 환경들까지 이모저모를 알다 보면 자연스럽게 흥미를 느낄 수 있다. 무대 위에서 뜨거운 박수갈채를 받는 스타급 무용수의 화려함 뒤에 숨겨진 각고의 노력과 자기 자신과의 처절한 싸움을 들여다볼 수 있다면 무용은 더 가까이 다가올 수 있다.

《홀로 추는 춤》은 그런 점에서 아주 흥미로운 책이다. 대부분의 무용 관련 서적들은 전공자들을 위한 교재 성격이나 무용사, 그리고 무용 인물 등 한 가지 주제를 다루고 있다. 그러나 이 책은 무용수로, 안무가로, 무용 교육자로, 무용 단체를 운영하는 수장으로 살아온, 그리고 살아가고 있는 한 무용가의 진솔한 자기 고백부터 그가 만난 인물들, 무용계를 둘러싼 환경이나 제도, 그리고 각기 다른 장르의 무용에 대한 비교와 세계무용계의 최신 흐름까지 많은 것들을 담고 있기 때문이다. 저자가 짧은 호흡으로 담담하게 써 내려간 내용을 사진과 함께 읽고 보면 무용에 문외한인 독자들도 자연스럽게 무용예술에 대해 흥미를 갖게 되고 이해할 수 있다.

한국무용을 전공하고 많은 무용수들의 선망의 대상인 국립무용단에 들어가 활동하다가 안정된 직업 무용수의 길을 포기하고, 미국으로 유학 뉴욕에서 다양한 현대무용 테크닉을 훈련하고 컬럼비아대학교 대학원에서 무용 교육을 전공한 저자의 특이한 이력 또한 흥미를 갖게 한다. 동서양을 관통하는 저자의 남다른 감각은 책에 담겨진 외국의 무용가와 평론가, 함께 작업했던 안무가들에 대한 이야기와 세계무용계의 새로운 동향에 대한 글에서도 알 수 있다. 동양의 태극 사상과 한국의 전통무용의 호흡법을 토대로 서양의 현대무용을 접목한 〈서예를 하는 것과 같은 춤〉 메소드의 독자적인 창안 역시 이 같은 국제적인 현장 학습의 배경에서 나온 결과물이다.

공공 무용단에서의 프로 무용수 생활, 독립 안무가로서 창작 현장에서의 치열한 삶, 직업 무용단에서의 지도자 경험 등 안무가로서 무용수로서 그리고 무용 교육자로서 저자가 지나온 진솔한 삶의 고백은 그것 자체가 예술로서의 무용을 이해하는 지침서 역할을 한다.

대중적으로 가장 취약한 예술 장르인 무용에 대한 책 발간을, 교재가 아닌 교양서로 방향을 잡고 기획한 출판사의 공공적인 마인드에도 박수를 보낸다.

본문 사진 : 김동욱, 김영욱, 김준택, 박상윤, 양은모, 이대형, 임헌영
정광진, 전혜원, 최병재, 최원욱, 최재헌, 황정현 외

홀로 추는 춤
무용 감상과 무용가의 현실에 관하여 말하다

ⓒ 손인영, 2015

초판 1쇄 인쇄 2015년 10월 22일
초판 1쇄 발행 2015년 10월 28일

지은이 | 손인영
펴낸이 | 김영훈
편집 | 위윤녕
디자인 | 김미숙

펴낸곳 | 안나푸르나
출판신고 | 2012년 5월 11일
주소 | 서울시 마포구 서교동 479-9 4층
전화 | 010-5363-5150 팩스 | 0504-849-5150
전자우편 | idealism@naver.com

ISBN 979-11-86559-05-5 (03680)

* 저자와의 협의로 인지는 붙이지 않습니다.
* 이 책은 저작권법에 따라 보호받는 저작물이므로 무단 전재와 복제를 금하며,
  이 책의 내용 전부 또는 일부를 이용하려면 반드시 저작권자와 안나푸르나의 서면 동의를 받아야 합니다.
* 유통 중에 파손된 책은 구입하신 서점에서 바꾸어 드리며, 책값은 뒤표지에 있습니다.

이 도서의 국립중앙도서관 출판도서목록(CIP)은 서지정보유통지원시스템 홈페이지(http://seoji.nl.go.kr)와
국가자료공동목록시스템(http://www.nl.go.kr/kolisner)에서 이용하실 수 있습니다. (CIP제어번호: CIP2015027067)